1841

一八四一

臆造南洋

馬來半島的神鬼人獸

莫家浩——著

「新南洋史」系列出版說明

從中國出發到東亞海域流徙的人群，傳統上往往被稱為「唐人」，這一稱呼源自於七世紀的「大唐」。早在十一世紀，日本博多港就設有「唐坊」作為海商的居住區。即便到了大宋時期，這些商人仍被稱為「唐人」。十二世紀曾到訪廣州的朱彧（？—？）記錄了「唐」這一稱呼的使用情況。陳宗仁（一九六六—）注意到，相比「中國人」、「華僑」、「華人」、「華民」、「漢人」等稱呼，十九世紀之前的海外華人無論遠近，更多自稱或被稱為「唐人」。這一現象在《葡漢辭典》、《佛郎機化人話簿》及馬尼拉天主教教義書籍中均有體現。這表明，身處原鄉以外的移居者選擇了「唐人」這一穩定用詞，並廣泛使用近千年之久。在二十世紀初怡保成長的王賡武（一九三〇—），也注意到在唐人社會中不論是廣東話還是福建話，人們都自稱為「唐人」。事實上，無論從奧古斯特公爵圖書館（Herzog August Bibliothek）所藏的十七世紀菲律賓唐人手稿，抑或是萊頓大學所藏的十八世紀吧城華人公館檔案等文獻，都能見到「唐人」一詞被廣泛應用。即使是現今馬來西亞福建人、廣府人、客家人、潮州人，在指稱「華人」時，其實也多是以「唐人」自稱。值得注意的是，在馬來半島的福建話（閩南語）、潮州話與海南話的日常用語中並無「華人」一詞，在遇到需要表述「華人」時，基本都會直接以「唐人」表示（閩南語：thg^5 $lang^5$；潮州話：$deng^5$-$nang^5$；海南話：$hang^2$ $nang^2$）。

雖然「唐人」與「華人」的差異可謂肝膽楚越，在日常生活的應用中往往可以隨意互換，但「華民」、「華人」的普及應用，其實自一八七六年大清國的兩廣總督劉坤一（一八三〇－一九〇二）才開始。劉氏及後繼官員的修辭手法，很可能在於意圖重構「中國／中華」與海外唐人的政治關係；而「華人」的用語出現以後，包括「中國／中華」、東南亞與歐美的不同政權與知識人，都經常在政策與論述的層面不當地假定了海外唐人與「中國／中華」的緊密連結，直接或間接地釀成十九世紀末以來「華人」在「南洋」的各種問題。然而，海外唐人的身份認同光譜多樣而複雜，除了自視為完整的、政治及文化上的「中國人」，也包括堂堂正正地認可在地或殖民政權的前題下，堅實地從其個人的生活方式構築出「華人」或「唐人」的文化身份；更可能在皈信亞伯拉罕宗教或與非唐人族群通婚，放棄祖父輩生活方式後，單純地自覺為「唐人」。這些可能性表明，海外唐人與不同政治實體（包括「中國」）和文化系統（包括「中華」）之間，既沒有必然的關係，更不應被假定帶有應然的關係。

「新南洋史」系列旨在介紹唐人社會在東南亞的發展歷程，及其作為東南亞各國國民在近世演成不同於「中國／中華」生活形式的過程。與傳統的華語史學者和歐美英語史學者不同，本系列希望採取以東南亞的唐人社會為中心，擺脫了中國中心和漢族中心的論述方式，隱含的重點其實都在於探討「脫離『中國／中華』的界域，唐人在世界各地何以構成新天新地」的大主題。傳統華語史學者基於漢族與中國中心的觀點，往往在引介東南亞唐人歷史時，將五百年來唐人移民努山塔拉（Nusantara）的歷史視之為唐人播遷與離散的故事，並將敘事的重點聚焦於海外唐人與中國的關係。這種敘事方向忽略了全球史、經濟、種族、權力、性別等等面向，既矮化了東南亞唐人的主體性與能動性，亦以中國中心觀點（Sino-centrism）令讀者忽略了東南亞各國內部的多元性。在中國民族主義者徘徊於漢族中心主義與中華民族論的一九二〇年代時，身處南島的唐人同樣在歐洲中心的現代化思想、本土反殖民主義與大中華民族主義之間徘徊思考。雖然我們看到兩次世界大戰前後與中華人民共和國成立後的一段時間，一些南島唐人呼應了中華民族主義重新遷移至中國，但絕大部分的南島華人都未響應「歸國」的呼喚。這些「沉默的大多數」在中國中心觀點的史學論述中往往被東南亞以外的華語學者及對東南亞唐人語言文化鮮有認識的非華語學者忽略，他們即使經歷了「南洋」各國或輕或重的「排華」後，仍然在維繫自身文化認同時，保持本國國民的身分。「新南洋史」系列在放下政治與文化濾鏡的手法下，期望重塑「唐人」在被稱為「南洋」、「努山塔拉」的舞臺上所演出的不同故事。

臺灣和東南亞在歷史上密不可分，兩者的歷史經驗常有平行的發展。處於東北亞與東南亞間的海上交通要道，十七世紀以前的臺灣匯聚了日本、大明國與南島的移民，也吸引了歐洲的商人在臺灣作經濟、政治與文化互動和衝突的平臺。在早期全球化的網絡，「南洋」與臺灣之間的聯繫在商業、流行文化、宗教實踐、家族關係，甚至是臺灣原住民和爪哇等馬來群島住民所使用的語言都能被看到。二十世紀以來臺灣與東南亞的交流往往被具有「大中華意識」的論述所壟斷，泰國、馬來西亞、印尼的華語國民常被矮化為在文化或血緣上隸屬於「中國／中華」的「僑胞」。這種為「中國／中華意識」所佔據的臺灣與南島華語族群，在二十世紀九十年代在日益民主化的臺灣得到充份反思。臺灣政府推動臺商於東南亞投資的計劃在泰國、馬來西亞、印尼、菲律賓、新加坡、越南、汶萊等國家收益不淺。雖然成果在中國經濟開放與亞洲金融風暴後失落頗多，但卻為臺灣與東南亞國家互動正常化邁開了正確的一步。

臺灣與「南洋」之間的密切聯繫，並不單是因為兩者都充滿華語人口，而是因為它們自然地獨立於不同的帝國之間，是世界交匯之處。本叢書出版於島鏈（Island Chain）前線，為讀者重新詮釋努山塔拉唐人在東南亞想像自身身分認同的歷史，從歷史的角度思考臺灣過去基於「僑胞」論述而建構的東南亞認識。作為離散香港人在臺灣經營的出版機構，一八四一出版也期望以更合乎近年史學發展的方式，重新詮釋東南亞唐人群體的歷史與文化，以供香港的讀者重新思考拜別原鄉後，共同體成員之間亦遠亦近、又疏又親的關係，還有很多想像的空間。

第二章

山和海之間

第三章　邊城敘事

第四章

神鬼人獸

第五章 記憶危機

推薦序 我閱讀《臆造南洋：馬來半島的人鬼神獸》的筆記

南方大學學院中華語言文化學院院長／王潤華

一、懷舊的年代

哈佛教授搏伊姆（Svetlana Boym）的《懷舊的未來》（The Future of Nostalgia），把我們的時代定調為一個懷舊的年代，她以「心靈的懷疑病：懷舊、歷史與記憶」、「歷史的天使：懷疑與現代性」、「恐龍：懷舊與通俗文化」、「修復型懷舊：密謀與返回本源」、「反思通俗文化型懷舊：虛擬現實與集體記憶」、「城市與重新發明的傳統」、「流亡者與想像中的故鄉」、「懷舊與全球文化」等等思維下，詮釋了文學藝術與學術研究的所有重要敘述。博伊姆剖析了各種形式的懷舊如民族主義的、大流散的、流亡的、文學的、個人的。她以各種精彩、機智、諷喻透徹的剖析，深深觸動人心。以冷靜而溫柔的目光透視當今日常生存方式，這是一部獨一無二的作品。

二、懷舊、記憶、重返、反思是我們年代的關鍵詞

我自己回顧，驚訝的發現《懷舊的未來》是一面鏡子，原來我的文學創作如《南洋鄉土集》、《熱帶雨林與殖民地》、《地球村神話》、《重返集》、《榴蓮滋味》、《重返星洲》、《新村》、《重返詩鈔》、《重返馬來亞》、英文詩集《Home Comings》都是懷舊、記憶、重返、反思的作品。還有我的學術研究，也不例外，也在懷舊的土地、歷史文化裡整理共同記憶，建構我的論

述，如《魚尾獅、榴槤、鐵船與橡膠樹：新馬本土幻想／華語／文化／文學的重構神話》，尤其最近的論文集《鄭和登錄馬六甲之後的中華文化的繼承與創新》、《東南亞漢學中的上海文學研究》，還有論文〈從新馬華文文學建構多元共生的新加坡國家文學共同體〉、〈反思與重構：新馬華文文學的多元複雜系統〉、〈重構海上絲路上的東南亞漢學新起點：重新建構、詮釋與評價〉。回頭再看哈佛教授摶伊姆的《懷舊的未來》的關鍵字，竟是懷舊、修復型懷舊、通俗文化、通俗文化通、反思、流亡、想像、新傳統，都出現在我的文學創作與學術論述裡。可見我的思考、想像都在懷舊的大浪潮沖擊下產生的。

三、閱讀《臆造南洋》，想起《憂鬱的熱帶》

莫家浩是新時世代的歷史文化學者與作家，身為寫作人，他書寫華人從漂洋過海移居南洋到開拓永久的家園，在邊佳蘭及新山的中華與本土歷史，還有與神話的餘燼裡，眼光尖銳，能看見與書寫人鬼神獸，寫出超越的現實與歷史文化的文化書寫，也是文學作品。莫家浩更以田野調查研究與撰寫現代華人、華人與多元種族與文化文化的學者來書寫。他在日益依賴於全球化超空間的社會又是懷舊氾濫的社會，所以《臆造南洋：馬來半島的人鬼神獸》可讀性高，處處具有智慧與啟發性。

這本書是莫家浩是為了學術研究而四處奔走，做田野調查的筆記。使我想起我百讀不厭的法國列維·斯特勞斯（Claude Levi-Struass）的《憂鬱的熱帶》，作者是人類學家，一九三〇年代在巴西旅遊及從事人類學田野調查的經歷，但敘事常常反思人類文化社會，牽涉哲學、社會學、地質學、音樂、歷史學及文學等學術的文字，使作品形成意識流般的敘事效果。莫家浩前言的這幾句話就是絕佳的導讀，讓我們更了解其藝術與學術的奧秘：

第一章《歷史的餘燼》便是以古今發生及流傳於馬來半島的若干歷史與傳說為題材，探討兩者之間的內在關聯。

第二章《山和海之間》及第三章《邊城敘事》，則分別以馬來半島南端的邊佳蘭及新山為主軸，探討十九世紀以降馬來半島城鎮與鄉村華人社會史的記敘與詮釋。

第四章《人鬼神獸》，顧名思義，是寄望於本章所充斥著的諸多怪力亂神，加以探究多元世界裡的身份如何定義與轉換的問題。

最後一章《記憶危機》通過側寫太平洋戰爭、戰後緊急狀態及「五一三」族群衝突事件，探討人們處於危難時刻的應對，以及事後的記憶與忘卻，展示不同時代背景下個體與集體的選擇如何被描述為歷史。

四、理性、抒情、分析、歷史、文化、文學、民俗的越界書寫新傳統

我不久前，很用心的重新閱讀中學時代就購買的魯白野的《獅城散記》與《馬來散記》，還有鄺國祥的《檳城散記》。因為周星衢基金會要把他們以前由星洲書店出版的三本書重新註釋出版，我寫了〈重讀魯白野〉與〈《檳城散記》的多元新解讀〉作為導讀。現在很高興有機會先拜讀了莫家浩這本《臆造南洋：馬來半島的人鬼神獸》大作，我認為他繼承、發揚、創新了魯白野本土歷史文化書寫的傳統，本書處處可見一種跨越現實與文化，跨越歷史、文學與神話的語言，而且進入更複雜多元的書寫。

我不需要詳細分析，下面的五章與各篇的題目就能顯示這是歷史的、文化的、社會的、更是文學的書寫：

第一章歷史的餘燼：〈羅越迷蹤〉、〈黑石城傳說〉、〈王的咒誓〉、〈反逆的羅摩〉、〈天涯淪落人〉、〈西洋伯公道光匾〉、〈大伯公的午宴〉、〈港門溯源〉。

第二章山和海之間：〈出門須防白礁嶼〉、〈病吟之境〉、〈觀音寺山〉、〈觀音碑匾〉、〈觀音游神〉、〈老清明，新清明〉、〈東邊普度〉、〈四灣媽祖刈香〉、〈午時茶水〉。

第三章邊城敘事：〈從廟名談起〉、〈從前有處噓呀坡〉、〈謎之佘勉旺〉、〈廣肇惠疑雲〉、〈觀音殿銅爐〉、〈及時行樂〉、〈批判游神〉、〈三個年份〉、〈端亞山送地〉、〈粿條仔城市史〉。

第四章神鬼人獸：〈會飛的人頭〉、〈飛龍繞樹〉、〈虎人入市〉、〈咖啡、老虎、鬼〉、〈山君駕到〉、〈見虎燒香〉、〈洪仙傳說〉、〈功德祠與盛明利〉、

〈英魂顯靈〉、〈四師爺考〉、〈古墓夜話〉、〈唐番兄弟〉、〈年獸來由〉。

第五章記憶危機：〈失落的炮彈〉、〈日本支溝〉、〈屠殺記憶〉、〈女王駕到〉、〈一九六九的火〉。

二〇二三年十二月八日寫於

南方大學學院中華語言文化學院

——推薦序——

新紀元大學學院中國語言文學系教授／安煥然

我始終認為東南亞華人的文化是一個建構中的進程，其主幹主體是「在地化」、「本土化」。其最初移植過來的種子雖源自「中國」，但因土壤、水份、氣候環境等的不同，經各種跨文化的互動、衝擊、挑戰和接納，以及本身在地化的成長經驗，其開枝散葉，結的果，自然就和「中國」不一樣，而是一種「再創」的文化個體。若把它比喻為一棵樹，不論是其先天不足，還是後天失調，這棵樹是否會被連根拔起，能否經得起風吹雨打？其長成的果實是苦、是毒，還是爛了，抑或比中國「原鄉」的來得更美、更好、更甜？我想，這就要看看其成長過程中的各項要件和因素主導了。

但關於東南亞華人的研究，就早期學院派來說，很長一段時期掌握在英文源流學術人員手中。這些執筆之人，在英屬馬來亞時代主要是一些「學政人員」，他們既是學術撰寫者，也是英殖民官員，難免有其站在「殖民者碉堡」和「洋船甲板」上來看東南亞的西方中心觀，並字裡行間會合理化殖民政府政策。尤其在東南亞原住民及在地華人民俗和宗教信仰方面，有其高姿態的西方視角及偏見。但這批學政人員是當時英屬馬來亞政府裡精英中的精英，很有學識，掌握的訊息也較廣博，他們甚至懂中文和方言，能看到和接觸到的事物很多。反倒是戰後獨立建國，學院派的東南亞研究已走向馬來西亞或國別研究，而官方主流的馬來西亞歷史的探討，主要以馬來民族和伊斯蘭為主軸，非馬來的都成了「dan lain-lain」的「其他」陪襯事項。很長一段時期，涉及華人的研究也落入在這批純英文教育源流的學界裡，田野調查有其難度和局限，依賴文獻也比較局限於官方檔案資料的引用。這固然有其歷史建構上的價值和意義，但從史學史層面理解，「資料來源越古老，越普遍被人接受，也就應該受到尊重」這個傳統的史料接受準則是受到挑戰了的。畢竟面對史料，即使是官方檔案文件，你還是要辨偽和需要再考證的，更要回到當時的歷史情境中去理解為什麼是這般的結局。況且研讀歷史，不能只看到上層的官方歷史和史料，上層和下層的歷史都要重視。而敘事史的復興，這一書寫趨勢反而更為大眾。

然而，就馬來西亞中文書寫的非政府大學的「民間學者」來說，二戰前後，由許雲樵、韓槐準等南洋學會同仁開啟的「南洋研究」是很精彩的。在馬來亞建國之際，魯白野的《馬來散記》的「大白話」書寫方式，更是赤誠投入參與了獨立建國「國族建構」的宏圖／企圖。而《馬來散記》之類的書寫也是當時的暢銷書，相當受眾。可惜像這樣的書寫，或許是國情和族群關係的變轉，從「馬華」的邊緣化，「馬華」的迷思再到「馬華」的「自覺」，近四十年來，中文論述已從「南洋研究」走向「華人研究」。這種研究趨勢固然有其歷史情境和問題意識，但過於「馬華」的結果，也常使自己的視野過於局限在「華人」同溫層的狹窄框框而「不自覺」。這種「馬華」「自覺」中的「不自覺」，是有待吾等中文學人超越突破的。

不論是東南亞研究，還是南洋研究，超脫既有的傳統視角是必要的。而這其中，多語言的史料文獻參引，以及民俗、傳說之記錄、搜索，就成了很重要的研究資源。馬來亞大學文學院院長黃子堅教授曾多次強調，馬來西亞的中英文學界華人研究成果應當結合。而我在《新史料．新視角：青年學者論新山》（二〇二〇）也指出年輕一代學者具有這方面的優勢。他們既能揮汗走田野，也擅長於網絡科技的整合，掌握多語文獻資料。既能熟練引用中文資料，也會參照很多英文、馬來文、日文的研究成果和官方檔案文獻。像這樣的多語研究資料和研究成果的結合參照，相信會是今後馬來西亞華人研究的主趨勢。

而這其中，莫家浩是這年輕一批學者中寫得很勤的一人。既能寫學術論文，也勤於寫文史掌故和田野隨筆，實有南洋研究的遺風。其《臆造南洋》之書寫更像是魯白野《馬來散記》之再續。惟其中的「霧鎖南洋」不應僅是成為馬來西亞之「海外」讀者習慣上作為「獵奇」的窺視。如何在家浩的歷史與傳說，模糊又曖昧的人鬼神獸南洋書寫中，讓讀者看出更有意思的事物和歷史的啟示，或許才是本書書寫更實在的意義。《臆造南洋》之結集，是在台灣出版的，可喜可賀，是為序。

（安煥然，新紀元大學學院中國語言文學系教授。）

——推薦序——

香港中文大學歷史系客席教授／蔡志祥

歷史時常在敘事和想像之間為不同的持份者不斷地詮釋和再詮釋。同時也為社區裡不同階層、不同身份的生活者以自己認為正確的方式傳承和實踐。對於生活在海外的華人來說，在努力成為當地人的同時，如何運用自己所認知的傳統來維護中國人的身份認同，通過尤其是節日和儀式來建立一個重要的「他者」（significant others）身份；在多元種族的國家中，成為重要的另一群體。想像的「中國性」最重要的目的不是真的回歸中國，甚至也不需要跟中國完全接軌*。在海外的華人生活的地方社會裡，人們要在那個地方生活，要建立一個我跟他「華人和其他種族」不一樣的族群，強調我與他的文化距離。

他們對這些所謂「中國性」的強調，主要不是為了加強與祖國的聯繫，而是為了讓自己在「中國」以外，在沒有「中國」的地方生活得更好。海外的華人在明白根源、強調「中國」的同時，想像「中國的」傳統，配合在地的政府的政策和語調，建立在他鄉的「故國」、「故鄉」的身份。

這種與「故國」、「故鄉」的實在的或想像的聯繫，在兩百多年的東南亞華人的世界中，是時常變化的。假如我們從一個三維立體的角度來看海外華人的歷史的話，不同時代的國家和周邊社會，提供了每個時代的海外華人策略性的選擇和標準化歷史敘事的憑據，也提供了他們合理化當代儀式生活的實踐方式。

本書彙集作者在馬來西亞《星洲日報》刊登的四十五篇專欄文章，整理為五個部分，反覆的透過文獻考究和田野的參與觀察，說明在記憶與忘卻之間，歷史和傳說如何在不同的文化載體；不同的地域空間；不同的精神領域，以及「不同時代背景」的個人及群體選擇性的記錄、敘述、詮釋和實踐。作者以活潑生動的文筆，以馬來西亞南端的城、鄉、山、海的人群的生活為對象，綴織出一幅如作者在導言所說的不斷地被重塑、被標準化的「南洋圖像」。

本書以社區和人群串連華人生活中難以割斷的「神、鬼和獸」。本書告訴我們閱讀田野不僅僅是收集碑刻、譜牒，也不應局限在民族志的記錄。社區人群對傳統的定義和展演，必須有長期的田野觸覺、對文獻和口述歷史的辨解能力以及洞悉宏觀政治社會環境，才能理解和體驗生活的、儀式活動的內容和實踐的延續與變遷。作者成功地以參與者和觀察者雙重的「邊緣的本地人」的立體視野，娓娓動人的敘說活的「南洋故事」，讓讀者明白社群共享的文化和禁忌、地方「知識」和文化運作的塑造過程。

* 〈訪談——蔡志祥：跨越邊境的華人社會〉，採訪：蔣宏達、徐世博，二〇一八年三月十六日李斌斌轉載中華全國歸國華僑聯合會，華僑華人研究、華僑掠影文。（www.chinaql.org/n1/2018/0625/c420286-30083717.html，二〇二三年十二月二十七日流覽，原載《東方歷史評論》微信公眾號：ohistory）

導言

「漢人註疏，好臆造典故。」——袁枚《隨園隨筆》

「南洋者，中國南方之海洋也，在地理學上，本為一曖昧名詞，範圍無嚴格之規定，現以華僑中之東南亞各地為南洋。」——許雲樵《南洋史》

一九八四年，由一班來自香港的電視製作人員操刀，新加坡廣播局製作的電視連續劇《霧鎖南洋》開播，作為新加坡本土歷史電視劇的先聲，絕對一時風靡。同年出生的我，童年歲月裡，似也曾透過高高的天線，在新柔長堤另一端的新山排屋裡，斜靠沙發，從碩大的魚缸電視中收看重播。劇情中講述的二十世紀初華南移民飄洋過海、南來謀生、艱難求存的故事，當年幼稚懵懂的我自然不會明白，卻對於當年膾炙人口的同名電視主題曲旋律與歌詞印象極其深刻，至今猶能朗朗上口：

過去的記憶你是否已經遺忘
祖先的流離可曾使你惆悵
霧起在南方　霧落在南方
重重迷霧鎖南洋
望遠方天水茫茫
濃霧中何處是家鄉
向遠方衝過險灘

濃霧散見我新家鄉
過去的記憶世代不可遺忘
祖先的流離使我生命更堅強
霧起在南方　霧落在南方
重重迷霧鎖南洋

隨著年歲履歷漸長，重重迷霧深鎖的「南洋」，不僅是童年回憶的背景音樂，也是自己讀書研究的興致所在。關於南洋，許雲樵為它設下了兩道門檻：首先，這是個模糊又曖昧的地理名詞；其次，它是「華僑中之東南亞各地」，意味著華人在東南亞的流徙定居，乃界定南洋地理範圍的要件。如此一來，從近代中國開始流行的「南洋」概念，其界限就很難超越十九世紀末出現、並在一九五〇年代開始普遍使用的「東南亞」（Southeast Asia）之地域範圍。然而這也並非終點，東南亞一詞雖然打破了十九世紀以來西方視角下的「東印度」（East Indies）、「印度支那」（Indo-China）等詞彙的殖民性，卻也無可避免地掉入了二戰結束後，該區域民族獨立建國運動後形成的政治國界網格中，其中原本既多元又流動的文化、信仰與身份認同被迫割裂、對立與碎片化，即便數十年來被置入國族框架下的再融合過程，也遠未竟其功。為擺脫論述的困境，近年不少有識之士也開始改用源於古代爪哇文獻裡的「努山塔拉」（Nusantara）一詞，來指代東南亞乃至台灣、所有受馬來文化和語言影響的地域，借此打開舊觀念的藩籬，亦不失為一條出路。

身為馬來西亞國民，多元族群、文化與信仰既是國家的寶藏，又是分歧之根源。僅從領土層面來說，位於馬來半島的西馬，與位於婆羅洲的東馬，兩者的社會文化差異，上升成為國內政治議題，早已成為常態。再退一步言之，所謂「馬來半島」（Malay Peninsula）不也是一個模糊又曖昧的用詞嗎？在馬六甲王朝滅亡後的十七世紀，由離散的王朝遺民所屢屢使用，馬來半島一詞充滿了他們緬懷故土榮光的哀愁，直到被西方殖民者所借用，來形容包含今天緬甸南端、泰國南部及西馬全境所涵蓋的大陸東南亞半島地形，將之冠以「馬來之地」（Tanah Melayu），除了局部適用的政治正確，總體上也難免顯得偏頗。刨根究底地說，當「馬來」一詞出現在印度古文獻的地名裡，其最初的含義也很可能是在形容此處地貌多山，乃「群山之地」（Malayadvipa）。相比之下，古希臘羅馬文獻所使用的「黃金半島」（Chersonesus Aurea），可能亦受印度古文獻的另一地名「黃金之地」（Suvarnadvipa）的影響，在字面上為這片季風交會的寶地添加不少奇幻色彩。

從二千多年前的黃金半島，到今天隱隱浮現的努山塔拉，華人總在其中扮演過形形色色的身份。他們時而是使節商賈、求法高僧、落難旅人、革命志士，亦可以是從未踏足南洋的文人史官，但更多的是從近代以降，如《霧鎖南洋》所演繹的一批批南離尋找活路、最終落地生根的普通人。漫長的來往與居徙過程，華人及其文化早已成為此處多元的持份者，理當毋庸置疑，問題在於如何理解華人文化在地化過程中的傳承與變遷。在關於馬來西亞華人文化建構的討論中，安煥然提出了「樹」的意象，認為「華人文化」的主幹主體是「在地化」與「本土化」的過程，但其「種子」源自「中華文化」，但基於不同的歷史脈絡，為「種子」的生長構成了「各種跨文化的互動、衝擊、挑戰和接納」，最終結成的「果」就自然與「中國」的「果」不一樣。

將「中華文化」視為海外華人文化的根源並非新論，重點在於將「中華文化」視為海外華人天然且被動賦予的「文化基因」，抑或是可供海外華人選擇的「文化工具」。通過對新加坡華人節日儀式變遷的觀察，蔡志祥以二十世紀初至今的新加坡華人社會為例，認為當地華人「不僅需要建立與中國的文化關係」，還需要通過追根朔源，「在當地確立『顯著的他者』的身份」，這麼一來，在其所屬社會當中提出與建構「文化中國」，便顯得尤為重要。而在新進關於移民族群政治身份認同問題的探討中，孔德維認為二十世紀以前的努山塔拉華人（「唐人」）菁英們可能也將「中華」視為一套可被塑造的文化，「在不同區域、不同生活片段（如飲食、婚嫁、喪葬）中出現，也可能構成了唐人社會的組織形式」。孔氏由此提出「便攜」（portable）的概念，認為努山塔拉的唐人在特定情況需要時，既可以選擇表現其中華性，「在不須應用時，也可以將它藏起。」他進而將努山塔拉的唐人社群比作基因改造農場，「不同作物的種子本身說是由異質的植物所提供的基因（DNA）構成，在混和比例不一的情況下，生出一組又一組共存於同一農場的作物。」

當討論從奇幻走向科幻，我也想藉鑒一番量子物理學的概念。比起將南洋／東南亞／努山塔拉視為華人／唐人文化基因改造農場，或許也可以將華人／唐人視為一種「疊加態」（superposition state），其文化特徵將隨著「觀測」（observe）角度的不同，「坍縮」（collapse）成觀察者所見到的結果。身處多元，不同階段與不同文化的「糾纏」（entanglement）及「選擇」（choice），都有可能讓關著唐人之貓的箱子於掀開一刻，被觀測出——或說被描述（describe）成不同的事實。而宏觀的歷史論述，往往也只有到了微觀的個案身上，才能充分顯現認知的多樣性。

換言之，審視歷史中的華人／唐人如何變換角度來看待努山塔拉與自身，其實也是一種建構歷史建構的過程。最充分展現這點的，或許並非中外史書及官方檔案，反而來自於南洋以上、東南亞未滿時，遊歷於努山塔拉的觀察者遊記和散記中，生於馬來半島、日據時流亡印尼、戰後定居新加坡、卻英年早逝的魯白野，他一九五三年出版的文史散文集《馬來散記》可作為其中代表。在該本通篇講述馬來半島歷史傳說掌故的書中，作者的序言如是寫道：

「我要把故鄉長成的過程忠實記錄下來，要親切地寫我們的先人曾經怎樣流了無盡的血汗在努力開拓它、耕耘它，創造了一個幸福、繁榮的新天地。」

正如王潤華在評價魯白野的文學性時，談到對方所具備的「不斷流亡的中國性、馬華性、西方現代主義，還有馬來、印尼文學的倒流，與中國性、馬華性的混合，猶如海水與淡水混合，形塑出複雜的、另類的馬華文化屬性，這種文化駁雜性，提煉出駁雜的文學。」由此我們既可以認為作者多元文化經驗的背景催生出了《馬來散記》，也可以倒過來說，是駁雜的多元文化給了作者書寫的素材。更重要的是，在國家尚未獨立，國族論述尚未成型之時，作者熱情地旁徵博引各地風土民情與傳說典故，建構起自己「故鄉」馬來亞的歷史，一個經由其觀測、坍縮而成的「國人」史觀。

在正統樹立之後，一切非主流的描述都易歸入臆造。在南洋／東南亞／努山塔拉的歷史裡還有許多廣義的魯白野，他們時而是使節商賈、求法高僧、落難旅人、革命志士，從未踏足此境的文人史官，以及更多的普通人。他們或許未必曾留下優美的文字，只憑口耳相傳的靈異故事，旁人難以理解的慶典儀式，又或者只是習以為常的地方常識，如果能將這些坍縮後的表象收集起來，理解其過去被觀測的視角並加以回溯，或許我們便能更接近南洋／東南亞／努山塔拉的華人／唐人，及其身邊他者在歷史中的疊加態，建構出歷史建構的過程，或者說，在歷史長河中，多元、非主流的個人與群體，臆造各自的南洋／東南亞／努山塔拉。

自二〇二一年起，我在馬來西亞《星洲日報》網站及副刊闢設專欄，每兩周連載一期，迄今累積近五十篇、單篇千餘字的短文，此番將其集結、分類與修訂，拼湊而成書，誠屬實至名歸的散記。由於內容過於五花八門，只能嘗試將文章粗分為五大主題，並按此規劃章節。在國家、族群及地方敘事的建構過程中，歷史與傳說之間非但存在相互印證的可能，也會出現兩相矛盾的情境。處在多元交織的土壤上，將傳說與歷史用以宗教、人種、地方等模具進行切割，將反向收縮人們的視野，從而忽視其多元性所帶來的跨域本質。第一章《歷史的餘燼》便是以古今發生及流傳於馬來半島的若干歷史與傳說為題材，探討兩者之間的內在關聯。

第二章《山和海之間》及第三章《邊城敘事》，則分別以馬來半島南端的邊佳蘭（Pengerang）及新山（Johor Bahru）為主軸，探討十九世紀以降馬來半島城鎮與鄉村華人社會史的記敘與詮釋。作為一州首府，同時又是銜接半島與新加坡兩岸陸路往來的窗戶，新山具備了鄉區邊佳蘭難以企及的人口與資源，因此也保存著數量上比起後者來得多得多的金石文物史料，亦有不少學者學人前仆後繼投入研究，使它成為半島地方華人史書寫的焦點。

亦正因如此，新山華人社會史的當代研究，很自然地會朝史料文獻的再考察與再詮釋的方向前進，以期能與諸多前人構築的舊說定論相互對話；然而面對邊佳蘭，上述條件往往不成立，於是研究者本身也往往便是當地歷史文本的初始製造者，需要將日常的習慣、口述的記憶以及儀式的觀察記錄下來，進而轉換成史料，開始建構歷史。從這點出發，新山與邊佳蘭可被視為馬來半島華人社會史研究現況的一體兩面，存在相互藉鑒的餘地。

第四章《人鬼神獸》，顧名思義，是寄望於本章所充斥著的諸多怪力亂神，加以探究多元世界裡的身份如何定義與轉換的問題。從中國明代筆記中對滿剌加妖異的陳述，到老虎的意象如何遊走與報應、死亡、神明與庇護之際，進而延伸至豪傑、番人及墓碑如何化作鬼神，年獸傳說又如何在南洋成真，其表徵是人、鬼、神、獸彼此身份的交疊與轉換，內裡則是多元環境下華人的認知視角如何自適，並實現自圓其說的過程。或許，與宏大的歷史敘事相比，鄉野奇譚往往更能在光怪陸離中，體現「臆造南洋」的精髓吧！

最後一章《記憶危機》通過側寫太平洋戰爭、戰後緊急狀態及「五一三」族群衝突事件，探討人們處於危難時刻的應對，以及事後的記憶與忘卻，展示不同時代背景下個體與集體的選擇如何被描述為歷史，而後者又將在後世傳誦的過程中被無止境地、策略性地清晰化或模糊化。但亦是上述形成認知多元，造就了敘事的多元，終將置入國家、族群與地方傳說中，又一次化作歷史的餘燼。

二〇二三年變故甚多，仰賴一八四一出版的垂青與信任，以及編輯二聿、沐羽的辛勤付出及鍥而不捨，本書方能順利及時付梓，感激萬分。同樣也要感謝馬來西亞《星洲日報》文化企宣主任曾翎龍與副刊主任黃俊麟兩位先生的器重，俾予我機會加入《星洲人》網站及星洲副刊的專欄撰稿行列磨練。歷任專欄責任編輯的文彬、慧金、美鳳，總能適時又不失體卹地催稿，鞭策我在筆耕路上匍匐前行。構思書稿的過程中，承蒙孔德維博士與白偉權博士每每在宵夜時分不吝分享交流，惠賜高見，為形塑本書框架助力不少。

本人亦何其榮幸，在有限的時間內，尚蒙師長願意在百忙中撥冗為本書寫序，無疑是對我莫大的鼓勵；十餘年來的田野與歷史學問路上，倚靠父母家人的支持諒解，內子嘉儀的默默廝守，總算熬過重重難關，感恩不在話下。最後的話留給〈馬蟻學人〉專欄的忠實讀者們，您們的閱讀和反饋皆是我不輟精進的動力，也期待翻開本書的舊雨新知不吝批評賜正，與我一道闖入臆造南洋的世界裡。

第一章 歷史的餘燼

壹　羅越迷蹤

二〇二三年八月，馬來西亞國家文化遺產與馬來西亞理科大學環球考古研究中心（GARC）對外宣佈，在吉打鉛縣的武吉皂禮（Bukit Choras）發掘一處據推測建於西元八至九世紀的陵廟（Candi，亦譯禪邸）建築結構遺跡，並在此發現了一些古陶片、泥牌（kalamsemah）帶有南印度跋羅婆（Pallava）文字的古文銘物（prasasti），以及兩尊以灰泥（stucco）材質製作、真人大小、保存相當完整的塑像（arca）。

在布秧谷（Lembah Bujang）歷史遺跡群當中，武吉皂禮是唯一落在日萊峰（Gunung Jerai）以北的遺跡點，早在十九世紀中葉便已被英殖民地官員發現，並在一九三〇年代末，由東南亞史學家誇裡奇．威爾士（H．G．Quaritch Wales）進行過初步的考古勘察，當時也發現了一具刻有跋羅婆文《緣起偈》的石制佛教信物，與此次新發現的古文銘物形制相似。另據GARC釋出的照片，新發現的泥牌上貌似有舍利塔（Stupa）基座的圖案，至於那兩尊灰泥塑像則似乎皆呈現結跏趺坐的姿勢，按考古團隊主要負責人的說法，撇開蘇門答臘與爪哇，這還是人們首次在布秧谷遺跡群中發現灰泥材質的塑像。

一般認為，布秧谷遺跡群與古吉打（Kedah Tua）的歷史有直接關係，結合目前的考古發現與歷史文獻，可以大致理出一條始於西元前八世紀的歷史脈絡。相比之下，處在馬來半島南端的柔佛（Johor）古代史就沒那麼幸運，不僅歷史文獻記載極少，可供確認的考古發現尤其缺，其中最古老的出土文物，大概是一口於一九六三年在麻坡班卒（Sungai Penchu）發現的西元二世紀古青銅鐘。除此之外，二十世紀前中葉，考古學者們也曾在柔佛河畔的哥打丁宜（Kota Tinggi）及舊柔佛（Johor Lama）等地發現中國漢代及唐代陶瓷碎片，以及來自印度及西亞的玻璃珠子，它們皆成為討論神秘的西元八世紀東南亞古國——羅越，其實位於柔佛南端的重要物證。

關於羅越的記載，最早出自《新唐書．地理志》引唐朝官員及地理學家賈耽所記之〈廣州通海夷道〉，謂「到軍突弄山。又五日行至海峽，蕃人謂之『質』，南北百里，北岸則羅越國，南岸則佛逝國」。據考，軍突弄山為湄公河口外的崑島群島，主流觀點認為文中的「質」乃馬來語海峽（Selat）的對音，為今天的柔佛海峽，因此北岸的羅越國自然便是在柔佛南端了，所謂羅越，即海人（Orang Laut）的 laut 之對音。但也有質疑者認為，從崑島群島出發五天的航程太短，到不了柔佛南端，且柔佛海峽是東西走向，水道也不闊，不符合「南北百里」的描述。

更重要的是，同樣在《新唐書》中的〈南蠻志〉裡記載說「羅越者，北距海五千里，西南哥谷羅。商賈往來所湊集，俗與墮羅鉢底同」。主流觀點認為，哥古羅位於馬來半島西岸至克拉地峽的某處。但倘若真如此，哥古羅便幾乎不可能位於柔佛南端的西南方。且墮羅鉢底（Dvaravati）已被學界普遍認定是位於今天泰國北部、由孟族（Mon）建立的佛教古國，若羅越是馬來半島南端海人的國度，兩者風俗為何會被形容為類同呢？因此也有學者認為羅越並非位於柔佛南端，而是遠在泰國中部的叻丕府（Ratchaburi）。然而在後來的《宋史》中，又記載丹眉流國（據考為馬來半島古國單馬令 Tambralinga）「南至羅越水路十五程……東南至闍婆四十五程」，按闍婆即爪哇，從相對航程來估測，此時的羅越，似乎又確實有可能位於柔佛了。

追根究底，關於羅越所在何處的諸多爭議，其實都可歸結於史料太少之故。至今柔佛的考古發現，除了班卒的銅鐘，大都只能上溯至十六世紀馬六甲陷落後的柔佛王國時期。近半世紀的農業與土地開發進一步靜悄悄破壞著歷史現場，無形非物質的口傳記憶也在加速失傳，惟有留下一些更深刻、亦更模糊的文化痕跡，等待人們探索。例如語言學家們便認為馬來半島的南亞語系（Austroasiatic）原住民語言與孟高棉語（Mon-Khmer Language）有很深的關聯，甚至連屬於南島語族（Austronesian）分支、主要生活在馬來半島南部內陸的原住民賈昆人（Orang Jakun）及生活在馬來半島南部沿海地區的實裏達人（Orang Seletar）的語言中也能見到孟高棉語的影響。莫非今天馬來半島原住民的話語歌謠，正是「俗與墮羅鉢底同」的羅越餘音？既然踏破鐵鞋無覓，且不妨先洗耳恭聽。

貳　黑石城傳說

熟悉馬來半島古代史，應該會對相傳存在於柔佛河上游的「千年古城」──哥打格蘭基（Kota Gelanggi）軼事有所耳聞。二〇〇四至二〇〇五年間，隨著馬來裔文史研究者萊米·仄·羅斯（Raimy Che-Ross）公開發表其研究論文，論證哥打格蘭基這座「失落古城」位於柔佛河上游的林桂（Linggiu）水壩一帶的森林保護區內的可能性，獲得馬來西亞國內媒體大肆報導，社會輿論趨之若鶩。因此，當二〇〇六年大馬政府方面宣稱並無可靠證據能證明此古城存在於林桂河流域，隨後掀起的陰謀論便久久不息，指有關方面的故意阻攔和不作為，皆是對馬來半島印度化時代歷史的欲蓋彌彰。進入網路時代後，關於哥打格蘭基傳說及其陰謀論的信息內容更是廣為流傳，每隔一段時間便會重臨電腦手機屏幕，流言之鑿鑿處，自不在話下。

即便如此，關於哥打格蘭基的傳說，確實由來已久。究其起源，可參閱成書不晚於十七世紀的《馬來紀年》（Sejarah Melayu），其開篇便以印度的拉惹蘇蘭（Raja Syulan）征服「河城」（Gangga Nagara）及林桂（Lenggui）為楔子寫道：

「（林桂）此地本為一大國，建有黑石堡壘，到現在那堡壘還兀立在柔佛河上游。此地名本作 Gelanggui，為暹語『寶庫』之意，後訛傳作 Lenggui，國王名叫拉惹朱林（Raja Culin），是一位雄主，風下之地諸國的王都臣服於他。」

以上《馬來紀年》的說法，便是柔佛黑石城傳說的最早記錄。一九三〇年代，馬來文史專家、同時也身任柔佛顧問官的溫斯德（R．O．Winstedt）便就此提出一個構想：如果「黑石城」能夠被發現，或者在柔佛內陸的Chandi Bemban（馬來地名，意譯為「藤廟」）能有印度文化古物出土，又或是學者們能夠考證出林桂河，或其河畔附近諸如Pasir Berhala（馬來地名，意譯為「聖灘」）及Gajah Mina（馬來地名，意譯為「鯨象」，即印度神話中的海獸Makara摩羯魚）等地名的來歷，那麼柔佛早期的歷史便可迎刃而解了。

溫斯德的構想，日後由南洋史家許雲樵轉譯，並在著作中引用，使得此一構想獲得不僅僅是西文及馬來文學界的廣泛認知，也在中文學界裡覓得知音。而在我看來，溫斯德的另一句假設也很重要：《馬來紀年》裡關於拉惹蘇蘭征服風下之地諸國的故事，可能是影射西元十一世紀印度東部強國注輦

（Chola）遠征三佛齊（Srivijaya）的歷史事件。注輦國王羅闍帝羅闍·朱羅一世（Rajendra Chola I）的遠征，戰火遍及當時包括蘇門答臘、馬來半島及爪哇在內的三佛齊勢力範圍，多處商港被洗掠。盛極一時的三佛齊雖未至於滅亡，但也從此元氣大傷。而在《馬來紀年》的故事裡，同樣記述了Gelanggui的拉惹朱林如何率領大軍，與來自印度的拉惹蘇蘭奮勇酣戰，兩位王者騎著各自的戰象決鬥，最終拉惹朱林不敵戰死，印度大軍也湧入Gelanggui城，將之洗掠一空。而拉惹朱林的公主也被擄獲，成為拉惹蘇蘭的妻室，隨他意氣風發返回印度。有趣的是，在《馬來紀年》中，拉惹蘇蘭與Gelanggui公主的後裔，後來成為了馬六甲王家世系的鼻祖，用今天的語言來形容，也算是曲線復國了。

在彭亨州的而連突（Jerantut），還有一處石灰岩洞群，名叫哥打格蘭基洞（GuaKota Gelanggi）。二〇〇五年，時任的柔佛州務大臣也曾宣稱所謂黑石古城實際在彭亨，估計當時其所指應為此洞。即便如此，在這個距離柔佛的林桂少說也有二百五十公里遠的哥打格蘭基洞，當地也同時流傳著這麼一則傳說：話說當年有一個古老的王國名叫 Gelang Kiu，意為「寶庫」，統治者拉惹格蘭基（Raja Gelanggi），有一位美貌無比的公主，既與比拉（Bera，彭亨地名）的拉惹烏索（Raja Usul，意譯為「初始王」）訂婚，同時又受到立卑（Lipis，彭亨地名）的拉惹曼邦（Raja Mambang，意譯為「精靈王」）追求，兩位拉惹為愛而交戰，最終拉惹烏索手刃情敵，贏得美人歸。但這結局，拉惹曼邦的父親可不接受，為報喪子之仇，他召喚了桑可楞白（Sang Kelembai）——彭亨鄉土傳說中奇醜無比、長著象耳象牙的女巨魔。桑可勒白對格蘭基下了詛咒，將 GelangKiu 的一切都化為石頭，古國就此由地圖上消失。

無論是《馬來紀年》故事，抑或是彭亨鄉土傳說，都講述了一個關於曾經輝煌的古城 Gelanggui／Gelang Kiu，因為不可抵抗的戰火劫掠或超自然力量而消亡，進而被世人所遺忘及神話化的故事。從廣義的角度出發，無論黑石城所在何方，它的傳說所承載的，都是關於馬六甲王朝龍興之前，馬來半島上所發生的某起亡國慘劇。翻閱中外史書，總有一長串歷史僅存隻言片語的古國古地名，其中的亡國故事，又豈止黑石城一齣？

參　王的咒誓

前文談到桑可楞白的詛咒如何將彭亨州而連突的哥打格蘭基（Kota Gelanggi）連人帶城統統變成了石灰岩。說起來，這桑可楞白的咒誓（Sumpahan Sang Kelembai），在馬來民間諸多傳說中也算是遠近馳名，除了彭亨，在中北馬的霹靂州、吉打州及檳州，皆流傳著不同版本。在各地傳說中，桑可楞白——又作桑咯噔白（Sang Gadembai）——或生而為人，因喪子之痛而成魔（mahluk）；又或天生即為體格碩大的巨妖（gergasi）。這些桑可楞白或桑咯噔白，皆具備那無與倫比的石化咒誓之力：只要它對人說話，無論人搭不搭理，甚至沒聽見都好，都將頃刻間化為石頭，且毫無解咒之法。因此在上述各州，全都遍佈著受此天災級別的石化咒力而遭殃的大象母子、情侶、老人、村落及航船等等傳說遺跡。放在亟需振興地方觀光產業的今天，桑可楞白可謂為馬來半島最出色的名勝奇石締造者了。

儘管桑可楞白傳說如此膾炙人口，究其起源，卻顯得格外模糊。比較流行的說法認為Gadembai一詞源於火山噴發（gadem）與岩漿（sembai panas）的結合。由此推論，桑可楞白及其咒誓可能源於古人目睹火山爆發及熔岩現象後的記憶遺留；另一種說法則從半島原住民（Orang Asli）的禁忌入手，指原住民在山林活動時，普遍忌諱「呼歎」（tegur）這一行為，認為任何多餘的言語、寒暄和招呼，都會招來厄運。這種觀念加以擬人化和極端化，即體現為桑可楞白的咒誓傳說。在馬來民間社會，桑可楞白的咒誓更常常作為父母長輩訓誡小孩子不得妄言多嘴的童話寓言故事，例如孩童太聒噪或上演十萬個為什麼時，大人就會恐嚇說：你再不閉嘴，桑可楞白就要來把你變成石頭了！

或許，桑可楞白的巨大身軀（有傳說指它只需走動數步，便可從瓜拉大漢（Kuala Tahan）行至登嘉樓（Terengganu）！）及其沒有道理可言的石化咒誓，皆暗示了該傳說隱含著對古代馬來半島世界裡某種無上權威的敬畏。事實上，在努山塔拉，咒誓（sumpahan）作為統治權力的憑證與背書由來已久，馬來西亞學者潔拉妮・哈倫（Jelani Harun）指出，在蘇門達臘的巨港（Palembang）及占卑（Jambi）所發現、刻於西元七世紀的室利佛逝（Srivijaya）碑刻中，便有著當時的君王對其臣民所下的咒誓：要求後者效忠盡忠，否則將對其降下各種詛咒雲云云。

在《馬來紀年》中，也有一則著名的讓國誓約（Wa'ad）：相傳馬六甲王統的始祖室利帝利般那（Seri Tri Buana，意譯為三界之王）迎娶巨港酋長德芒樂芭達芸（Demang Lebar Daun，意譯為闊葉之酋）之女，並繼承其統治權時，德芒樂芭達芸要求室利帝利般那立誓，從此必須善待其族子孫，即便後者犯錯，也不得羞辱謾罵，一切應依伊斯蘭法規責罰；室利帝利般那允諾，然而亦要求德芒樂芭達芸起誓，其後代子子孫孫必須效忠室利帝利般那的子孫，即便後者如何殘暴不仁，皆不可肇叛君之大逆（derhaka），否則真主將把他們的房子掀翻個底朝天；最後雙方互相承諾，如果彼等子孫違約，則另一方的誓約亦作廢。

顯然，比起桑可楞白無上權威式的咒誓，以及古代室利佛逝的君臣咒誓，《馬來紀年》的讓國誓約顯然有著更為明確的雙向因果邏輯關係：統治者的權威雖然是崇高的，惟人民對此權威卻並非無條件臣服，傳說中的兩者之間，存在著某種類似現代政治概念中的信任與供給協定（confidence and supply arrangement）。值得留意的是，《馬來紀年》最終成書於馬六甲王朝滅亡一百年後的十七世紀初，而上述這段著名的讓國誓約敘述，既有可能源於馬六甲王朝初建時，也有可能是馬六甲城破後、王庭顛沛流離之際，為了鞏固王權統治、建構統治合法性來源的一種歷史敘事。而偏偏一語成讖的是，根據成書於十九世紀末的馬來世界編年史《珍貴的禮物》（Tuhfat al-Nafis）所載，馬六甲王統最終在一六九九年斷絕，其原因正是當時承繼馬六甲王朝直系血脈的柔佛王國（Johor Sultanate）蘇丹馬末沙二世（Sultan Mahmud Shah II）殘忍且不光采地處決民丹水師提督（Laksamana Bentan）之孕妻，令提督深感受辱，憤而甘犯大逆（mederhaka），刺殺蘇丹報復，導致王統絕嗣所致。

作為歷史上有名的昏聵暴君，蘇丹馬末沙二世即便再怎麼不得人心，好歹也是根正苗紅的三界之王後裔，傳說中的他，臨死前將匕首扔向民丹水師提督的腳，便可令對方當場吐血身亡；剩下一口氣時，也不忘詛咒民丹七世子孫，不得踏足哥打丁宜一步，違者皆得暴斃，誠可謂是王統權威消逝之際，咒力瘋狂展現的餘光。迨至十八世紀的吉打州浮羅交怡島（Pulau Langkawi），在那遠近馳名的瑪素麗（Mahsuri）傳說中，區區一介草民之女冤死之際，僅憑自身的正直無辜，不僅湧出白血，尚可用咒誓（bersumpah）詛殃浮羅交怡全境蒙受七世災厄。彼時彼刻，那昔日巨魔與王家咒力，似乎已然在馬來王權大幅受抑的殖民帝國主義時代降臨前夕，飛入尋常百姓家，人人皆可詛矣。

肆　反逆的羅摩

作為馬來西亞公定假日之一，屠妖節（Diwali／Deepavali，亦可譯為排燈節、光明節）來自印度，且有兩大傳說源流：它可以是紀念神明奎師那（Krishna，亦譯黑天）除掉魔王那拉卡蘇拉（Narakasura）的日子，也可以是為了慶祝印度史詩《羅摩衍那》（Ramayana）中的主角羅摩殺死魔王羅波那（Ravana）的日子，總的來說，都有光明戰勝黑暗，善良戰勝邪惡的寓意。這兩大傳說源流，雖然背景橋段各異，但作為反派的魔王，皆曾獲得印度教三大主神的梵天（Brahma）或濕婆（Shiva）賜福而近乎無敵，同時又貪戀女色。而最終打敗魔王的主角——奎師那或羅摩——又皆是位列印度教三大主神之毗濕奴（Vishnu）化身。

在我看來，從故事性來說，奎師那對決那拉卡蘇拉的場面雖然恢宏，但過程過於單調，本來被描述成無敵一般的魔王，被毗濕奴神力徹底碾壓，劇情毫無懸念。相比之下，羅摩對決羅波那的故事倒是峰迴路轉，跌宕起伏：被流放的王子羅摩（Rama）為了從魔王羅波那（Ravana）手中救出妻子悉多（Sita），在王弟羅什曼那（Lakshmana）和神猴哈奴曼（Hanuman）等同伴協助下克服萬難，進攻楞伽島（Lanka），與魔王大軍鏖戰，最終魔王被羅摩用神箭射中胸口而亡，成功解救愛妻，班師回國，繼承大統，成為一代神王。這充滿友情、努力、勝利的故事橋段，也是史詩《羅摩衍那》當中最膾炙人口的部分。

羅摩的故事傳入東南亞後，在口傳與本地轉寫下產生了更多版本。其中，不晚於一六三三年便已傳入歐洲的爪夷文手抄本《室利羅摩傳》（Hikayat Sri Rama），也是目前最古老的馬來語傳世文學作品。羅摩的故事也成為前現代東南亞廣為流行的文化符號，也是傳統皮影戲及宮廷戲舞最膾炙人口的劇碼，深入民心。比方說，泰國國王的「拉瑪」稱號，據說即源自羅摩，以代表統治的神聖性；而在泰國宮殿佛寺很常見的「綠巨人」——守門魔神通薩肯（Thotsakan），則是暹化的魔王羅波那。

一六九九年柔佛王國蘇丹瑪末沙二世遇刺駕崩，馬六甲王統斷絕，柔佛自此進入首相王朝，也意味著環繞著區域內馬來王權的百年紛亂就此拉開序幕。關於蘇丹之死，按《珍貴的禮物》的說法，與著名的偷吃波羅蜜（nanga）傳說息息相關。話說當時柔佛王國的將軍梅嘉室利羅摩（Megat Sri Rama）在外征戰，其留守家中的孕妻因偷吃了蘇丹御用的波羅蜜，被蘇丹察覺後，下令將她活活剖腹而死。班師回朝的梅嘉室利羅摩，知曉妻子被戮，一屍兩命，悲憤難耐，遂與首相大臣串謀，遂於一次午間禮拜時毅然刺殺其主。

從角色名稱及情節來看，這則故事與《羅摩衍那》存在若干巧合。首先，梅嘉室利羅摩的名諱當中，出現了「羅摩」之名；此外，在另一些民間廣為流傳的版本當中，直稱梅嘉室利羅摩的官銜即民丹水師提督，而 Laksamana 雖可意譯為水師提督，但究其詞源，乃借自梵文 Lakshmana（意為「好運眷顧者」），在《羅摩衍那》中，又正好是羅摩之弟羅什曼那（Lakshmana）的名字。換句話說，這位斷絕馬六甲王統的弒君者名號，恰好就是印度史詩《羅摩衍那》裡的羅摩及羅什曼那這兩位屠妖英雄兄弟的綜合體！更加蹊蹺的是，梅嘉室利羅摩刺殺蘇丹的理由，相傳是由於妻子遇害，刺殺方式是將馬來短劍（Kris）捅入對方的左肋（rusuk kiri）。這又正好與《羅摩衍那》當中，魔王羅波那奪人妻子，最後被羅摩神箭貫胸而死的橋段有幾分神似了！

如前所述，在《馬來紀年》裡，叛君之大逆並非絕對不可為，惟卻透過「讓國神話」的歷史敘事，將其提升至極高的道德難度：只有在君王當眾侮辱臣子，臣子才具備叛君的合法性，否則即便君主殘暴不仁，也要效忠到底。因此，當《馬來紀年》寫到漢卡斯杜里（Hang Kasturi）與宮娥通姦，東窗事發後大鬧馬六甲王宮，漢都亞（Hang Tuah）奉命討伐對方，即便漢卡斯杜里屢屢手下留情，漢都亞依然欺其不慎，毫不留情殺之，道理即源於叛君之大逆當前，便毫無其他情誼可講的上述王權邏輯。

因此，若按上述標準，蘇丹瑪末殺掉偷吃御用波羅蜜的人妻，即便不仁其惡也不足以讓叛君之舉正當化。如此便於統治者的思想工具，對於天天處在王公貴族刀俎上的老百姓來說，恐怕除了認命和逃命外，更多時候是有苦不能言，如何才能反抗？或許就如人類學者斯科特（James C・Scott）在《弱者的武器》（Weapons of the Weak）中所寫，在馬來鄉村裡，弱勢的農民幾乎不敢正面反抗地主，而大多時候他們所能賴以反抗宿命的武器，便是偷懶、說謊、偷竊及私底下嘲諷權勢者。從這點出發，大膽想像，將弒君者喻作英雄羅摩，暴君即魔王羅波那，或許便是三百年前，那些愛看皮影戲、聽老者講古、對《羅摩衍那》裡的 羅摩故事熟悉得很的老百姓們，以弱者的聯想力為武器，在歷史敘事上的一次頂級叛逆呢！

伍　天涯淪落人

登上過馬六甲山（Bukit Melaka，舊稱聖保羅山 Bukit St.Paul）觀光的朋友，應該都見過山頂上兀自佇立的聖保羅教堂遺跡內側，任由眾多石碑露天倚牆並列的蕭瑟景象。這些表面刻著各式花紋及難懂的拉丁字母的石碑，其實都是昔日葡萄牙人及荷蘭人長眠此處時所立制的墓石。這些墓碑年份當中，最早者可上溯至一五六八年，且幾乎都以葡文或荷文刻記勒石，墓碑的主人們，皆為葡荷殖民時代的歐裔人士，身份包括總督、將領、官員、商人、傳教士、主婦與小孩等等，是研究馬六甲史不可或缺的重要史料文物。

圖 1　馬六甲聖保羅教堂遺跡內陳列的古墓碑群
（資料來源：莫家浩攝於二〇一七年）

上述墓碑中有那麼一塊，根據碑銘，其墓主共兩位，一是喬安娜・希克斯（Joanna Six），她在一六九六年一月一日去世，得年四十歲；另一位則是她出生僅僅七個月便夭折的兒子，逝於一六九五年五月二十一日。碑銘上也用荷文明確記載喬安娜「生於大員」（Geboortichvan Tayoan）。所謂Tayoan，即今天臺灣島的台南安平地區，十七世紀時尤指荷蘭東印度公司在當地所建立的熱蘭遮城（Zeelandia）要塞。除了喬安娜，其丈夫雅各斯・佩德爾（Jacobus Pedel）亦生於福爾摩沙（Formosa，即今天的臺灣島），如此說來，這對夫妻倆也算得上是那個時代的「台生荷裔馬六甲人」了。

然而，對於佩德爾夫婦而言，十七世紀末的臺灣，早已成為他們畢生也回不去的出生地。一切因緣，可從他倆的家世說起。雅各斯的父親湯瑪士・佩德爾（Thomas Pedel）生於荷蘭，是任職於荷蘭東印度公司的軍官，漢人稱他作「拔鬼仔」。湯瑪士的妻子法蘭西娜（Franchina Cunningham）生於暹

圖 2　馬六甲聖保羅教堂遺跡內的喬安娜・希克斯墓碑
（資料來源：莫家浩攝於二〇一七年）

羅，乃歐亞混血兒。一六六一年，「國姓爺」鄭成功率部進攻熱蘭遮城，湯瑪士率二百餘名荷蘭士兵出城迎擊，遭到鄭軍海陸夾擊而戰死。一六六二年，荷屬臺灣末代行政長官的揆一（Frederick Coyett）在彈盡糧絕下開城投降，城內一千餘名荷蘭人及其眷屬獲准撤離臺灣。這一年，雅各斯九歲，喬安娜七歲。

撤出臺灣後，作為荷蘭東印度公司旗下商人與行政官員，喬安娜的父親丹尼爾．希克斯（Daniel Six）在東亞各地流轉，先是在阿拉干王國（Arakan，今位於緬甸的若開邦）主持荷蘭貿易站，之後於一六六六到一六六九年間兩度調往主持日本長崎出島的荷蘭商館，間中曾短暫駐留於當時仍控制在荷蘭東印度公司手中的臺灣島北部，最後於一六六八年隨守軍撤離，成為荷蘭統治時代最後一批離開臺灣的荷蘭人之一。一六七一年，丹尼爾被派往馬六甲，而年方十六歲的喬安娜，則在荷屬東印度的首府巴達維亞（即今天的雅加達），與一名負責在摩鹿加群島（Moluccas）傳教的荷裔牧師成婚。

相較之下，離開臺灣後的雅各斯，其早期經歷就更模糊了。一六七五年，他在巴達維亞與一位馬六甲出生的女子成婚，此時的他估計已經成為一名駐於馬六甲的商人（Coopman）。有趣的是，一六八八年，各自已有過一段婚姻的雅各斯與喬安娜兩人，相偕於巴達維亞共結連理。一六八九年，兩人的長女在巴達維亞出生。一六九二年，雅各斯出任巴達維亞的陪審官（schepen），一六九六年去世的喬安娜墓碑上則註明其丈夫雅各斯身為馬六甲的港務長（Sabandaer，即馬來語之 Shahbandar）。一六九八年，雅各斯復成為巴達維亞的司法評議會（Raadvan Justitie）的成員，並可能在一七〇〇年逝於巴達維亞。然而在今天馬六甲聖保羅教堂遺跡內尚有一口墓碑，碑面的上闕空無一物，僅在下闕刻有「到此為止乃是港務長佩德爾（Sabandaar Pedel）之墓」，寥寥幾字，不禁惹人遐想。

透過追蹤上述「台生荷裔馬六甲人」的人生歷程，不難留意到隱隱現於他們身後、那龐大的十七世紀荷蘭東印度群島商業殖民霸權的巨網，馬六甲亦是這張巨網當中的其中一處縱橫交匯點。然而歷史總是充滿巧合，十七世紀中後期的馬六甲，不僅是如雅各斯與喬安娜這般被迫撤出臺灣的荷蘭人們，當時在東南亞的落腳處，同時也是那時因山河變色而從中國流散海外的明朝遺孤們的寄寓之地。直到一六八三年，據台廿年的明鄭降清，離散於馬六甲的台生荷人與大明遺老，此時總算雙雙失去了各自可以歸去的故土，同為天涯淪落人，長眠古城山野中。

陸　西洋伯公道光匾

在柔佛笨珍縣（Pontian）的北干那那（Pekan Nanas）村鎮裡，有一座名稱頗為特別的廟宇——西陽伯公宮。當地人相信，西陽伯公宮裡供奉的主神乃開山聖侯，香火來自西洋港，因此又可稱作「西洋伯公」。一九五〇年代遷新村，神明也隨西洋港的居民一同遷入北干那那，又言「西洋」與「西陽」音近，故廟名赴被轉寫為「西陽伯公宮」云云。

西洋伯公與西洋港，聽起來洋氣十足。當地有一種說法，稱早在柔佛港主制度發軔前，新加坡英殖民官員就曾為尋找水源，循河流來到北干那那附近勘探並駐留。因為英國人比華人還找來到此處，故稱之為西洋港。此傳說雖顯得望文生義，但與第二次世界大戰前，新加坡英殖民政府在當地尋找水源、並修建蓄水池以供應新加坡的史實相呼應，頗值繼續玩味。

目前學界對於西洋港所在的考究，基本已有共識。根據本地文史學人李文輝的爬梳，一八八五年與一九一三年的《新加坡與海峽殖民地索引》（Singaporeand Straits Directory）中皆有記錄在槽（Choh）這個地方有個港腳（Kangkar），或拼作 See Eo、或拼作 See Ngeung Kang，兩者其實都是「西洋」的潮汕方言讀法，同時也側證西洋港的「港」字，應作為十九世紀中後期柔佛境內大量出現、主要由華人開闢經營、種植甘蜜胡椒的墾殖園區——港腳來解。至於 Choh 之所在，結合昔日的西陽伯公宮口述資料，基本可斷定為埔來河（Sungai Pulai）上游支流的而南槽溪（Jeram Choh）一帶。

除了廟名，西陽伯公宮還有另一件令人嘖嘖稱奇、至今懸而未解的文物。

早在二十年前，由馬來西亞學者鄭良樹與安煥然主持的柔佛潮人史料搜集計劃中，便已發現在西陽伯公宮所保存一塊《萬世永賴》牌匾（圖3），上款為「道光丙申年臘月吉日立」，落款為「沐恩治子枋瀾眾等敬刊」。查道光丙申年臘月，即西元一八三七年一月初至二月初。單以年份論之，此在柔佛境內數一數二年代久遠的中文文物。此牌匾內容載於稍後出版的《潮人拓殖柔佛原始資料彙編》，之後卻鮮少被提及。究其原因，或許正如當年亦曾擔任柔佛潮人史料搜集計劃助理的李文輝自己寫在《2018新山華族歷史文物館年刊》裡的〈西洋港與順天港〉一文中所言：「匾額所志年份甚早，似不符合華人大規模遷徙柔佛的歷史背景，加之重新漆上紅底金字，失去本來面目。對這件文物，我的態度是存而不論。」

誠然，孤證不立乃史家素養，因善意修復而導致史料失真的個案也不少見，這一切原本似乎是一條考證的死胡同，但彷彿天意弄人般，同樣載於

圖 3　北干那那西陽伯公宮的萬世永賴匾
（資料來源：莫家浩攝於二〇一七年）

《2018新山華族歷史文物館年刊》裡的，尚有一篇由中國學者徐冠勉翻譯、出版於一七八〇年的荷蘭文獻，題為〈關於甘蜜的報告：它在馬六甲的種植和製作〉，原作者亞伯拉罕姆斯・庫佩勒斯（Abrahamus Couperus）是當時荷蘭東印度公司駐馬六甲的初級商人（onderkoopman），文中相當詳細地介紹了十八世紀馬六甲海峽沿岸的甘蜜種植與製作方法，其中最讓我在意的，是他提到了一七五八年，人們開始從位於馬六甲南部的「Pontjan」將甘蜜種子引進馬六甲栽培一事。

「Pontjan」所指何處？若在馬六甲以南，最有可能的選擇，必然包括笨珍。我們知道，在一七三〇年代，廖內的武吉斯副王（Yang Dipertuan Muda）達因仄拉（Daeng Chelak）已開始引進華人到廖內群島開闢甘蜜種植園。笨珍與廖內群島僅有一水之隔，因此一七五八年的笨珍地區，確實有可能出現甘蜜種植園，甚至會有華人參與其中？從這點出發，一八三七年的《萬世永賴》牌匾，或許就不再僅僅是一個突兀的發現那麼簡單了。

然而，若單憑一篇荷蘭文章，便想魯莽地證明華人在柔佛港主制度發軔前的十八世紀便已涉足笨珍，或武斷地認定西陽伯公宮裡的牌匾便是上述鐵證，顯然不夠審慎。我們必須坦誠面對一七五八至一八三七年之間的相關史料空白所帶來的不確定性，甚至連牌匾落款的「枋瀾眾」究竟何許人也，仍亦待解。不過歷史研究追求的也從來就不是一錘定音，所謂終極正確答案或許永遠不會找到，但其中不斷推敲、摸索、求教與自省的過程，不也是樂趣與價值所在嗎？

柒　大伯公的午宴

蹣跚於田野，六感並用實屬家常便飯。除了眼觀、耳聞、口問、鼻嗅、體行，舌嘗也是重要一環。本人生性好吃，四處勘察走訪時總想嘗鮮，一飽口福之餘，也圖透過味覺，體驗當地的風土。二〇一三年，機緣巧合下，我路過柔佛哥打丁宜縣南部一處名叫巴西高谷（Pasir Gogok）的偏遠小村落，恰巧趕上村裡的大伯公誕，被村民盛情邀請共進拜祭後的午宴，大快朵頤，久久難忘。爾今大疫已緩，巴西高谷複公開慶祝大伯公誕，經友人連番邀約，我便抽空重返故地，以解嘴饞。

圖 4　午宴中的相談甚歡
（資料來源：莫家浩攝於二〇二三年）

先說說地方。巴西高谷位於柔佛河河口東岸，三地河（Sungai Santi）河口北岸，往南望去，西邊有德光島，東邊有邊佳蘭山，背靠廣袤的油棕園丘，昔日則為橡膠園，二戰以前屬於日本三五公司的三地園（Santi Estate）。巴西高谷早在一九二〇年代便有村落，寫作 Pasir Goh，早期也常被譯作巴西咯。查 Goh 一詞亦可作 Gagok，乃魚名，本地市場上也稱 Duri，中文學名為斑海鯰，常見於河口海岸淺灘，背鰭有毒刺，弄潮人很容易因誤踩而受傷。巴西高谷恰好就有一大片的淺灘，是故其地名或許就源於此魚此灘。

研究一般認為，巴西高谷於一九三〇年代已有華人居住，以豐順客家人為主，大多從事割膠、務農、燒炭等。而巴西高谷大伯公有新舊廟之分，舊廟在村子週邊的義山裡，具體創建年份不詳，可能也始於戰前的一九三〇年代。至於新廟則是在一九九〇年代從舊廟請香火過來，在巴西高谷新村內建成。如今的大伯公誕，新廟舊廟的大伯公也都要請來，並列坐在主位。

圖 5　午宴開席前的祭祀
（資料來源：莫家浩攝於二〇二三年）

圖 6　午宴開席前擺放於神廠左前方的菜餚供品
（資料來源：莫家浩攝於二〇二三年）

巴西高谷大伯公誕落在農曆六月初，一般慶祝三至五天，以六月初六為正日。按當地習俗，大伯公誕期間，村民會將新村大伯公及村裡其他廟宇的眾位神明請至巴西高谷碼頭對開的街場設棚「看戲」。正日當天，神廠供桌上除了供奉煮熟的三牲，也會有生豬生羊，而在拜祭儀式告一段落、焚化金銀紙扎後，村民便會將三牲與豬羊搬至神廠一側，熟肉現場分斬，豬羊則如庖丁解牛般拆解，交由在一旁準備已久、負責「廚房」的村民們當場烹飪。這個被稱為「廚房」的群體，男女老少皆有，各司其職，亂中有序，指揮吆喝之聲此起彼落，地上好幾口煤氣灶頭，或炸或炒或燜煮，充滿人間煙火氣。

過了一個多小時，所有菜餚準備妥當，人也早已入座，在神廠裡開了約滿二十桌。照例，村民會先將每一道菜先盛出一小碗，擺在神廠的左前方的一張桌上，說是供給各路先人的，同時還擺上一束蔥蒜芫荽，待在兩疊金銀紙間插上香後，現場所有人就可以開吃了。由於年年供品都大同小異，今年的菜色也與我十年前吃的差不多，除了現成的燒雞滷鴨，還有用拜過的豆乾及生豬肉現悶的豆乾豬肉，現煮的羊肉咖喱（圖8）、現炒的米粉和什錦菜，還有酸菜湯。其中羊肉咖喱又軟又不膻，村民說是路口的養羊場養的吃草羊，今早才宰，結合獨特的咖喱配方，如夢似幻。桌上的菜吃到一半，「廚房」還會來過來加菜，宛如流水盛宴。

席間我問起：既然伯公誕的平安宴前一晚辦了，那如今這午宴又該稱作什麼？村民們都被我搞得很茫然，只能答說：今天是大伯公的生日，所以大家就在一起煮吃來慶祝罷了。樸實的回答讓我想起好幾年前也曾品嘗過他鄉廟誕將供品現場烹煮的滋味，親睹村民齊齊下廚聚餐的畫面，但隨著當地人口離散，如今已成絕響。或許此一習俗，既要在方言群相對單一、地理又相對偏遠、風俗雷同、關係緊密的社區裡才容易形成與存續，同時又要克服時代變遷、人口外流的挑戰，才不至於改風易俗。

圖 7 巴西高谷伯公神廠一側忙碌的「廚房」
（資料來源：莫家浩攝於二〇二三年）

圖 8 巴西高谷伯公誕現煮的羊肉咖哩
（資料來源：莫家浩攝於二〇二三年）

吃飽臨行，我向村裡的老人家打趣說，以後要帶多多人來吃伯公的生日午宴，老人家很高興地答道：多點人來吃好，才會旺，伯公開心。對於仍有二、三十戶華人的巴西高谷而言，這既是熱情的呼喚，也是暮靄的煙波。

捌　港門溯源

二〇二二年，我在馬六甲進行田野踏查時，本地文史學人賴碧清告訴我，在馬六甲愛極樂（Ayer Keroh）一帶，有個一年一度的「中元廟」普渡習俗，與當地的「四大港門」有關，聽得我心動神馳，於是排除萬難，於隔年農曆七月的尾聲趕赴現場，試圖一窺其真容。

中元廟位於今天愛極樂的六條石（Batu 6）路側下方的一塊平地，與其說「廟」，其形態更像是座無門無牆的小亭子，在唯一的祭臺上擺放著唯一的石香爐，根據所刻銘文可知，此爐為「中元廟先人爐」（圖9），年份為民國癸亥（即西元一九二三年），下款有「信仕合立」字樣。換句話說，今時今日的中元廟，已至少存在百年。另據一塊立於一九四六年的金屬板的記載，該年有一信士王泉源，奉薦了一段膠園地以作為秋祭用途。當地人告訴我，該段膠園，便是中元廟所在之處，而王泉源乃馬六甲市區峇峇，二戰時曾避難於愛極樂，承蒙村民恩惠，故戰後有此善舉云云。

前來參贊普渡的樂齡長輩們說，中元廟每年只做一件事，即農曆七月廿三的中元普渡，由當地「四大港門」華裔居民所組織操辦。關於這四大港門所指何處，不同人的說法或都略有出入，但一般咸指中元廟周邊的愛極樂、武吉波浪（Bukit Beruang），武吉峇魯（Bukit Baru）和雙溪布達（Sungai Putat）四處地方。從當天午後開始，各路信眾便會陸續攜帶自家準備的供品前來拜祭，也正因如此，這裡並不像現如今普渡法會上常見的統籌統辦、內

圖 9 中元廟四大港門普渡的石製先人爐
（資料來源：莫家浩攝於二〇二三年）

容劃一的一桶桶福份，而是一箱箱、一籃籃、一盤盤五花八門、充滿個性的私房貨。此外，陳列於先人爐前的五牲，除了燒雞燒鴨，尚有魚、蝦、蟹、蛤、烏賊，這些海鮮不僅都是生的，甚至螃蟹都還活著，其他則早早撒上了鹽巴，據說是為了保鮮。等晚間普渡儀式完成後，這些牲品都會當場下鍋烹煮，油烟香氣撲鼻，頓時使醮場轉做深夜食堂。聽老一輩說，舊時還有生豬生羊，待晚間儀式結束後，要將豬羊置入作井的水泥圈中，上面鋪乾冰以保存到隔天供午宴烹煮，因此夜裡還要安排人手，在中元廟守夜顧肉哩。

回到「港門」一詞，馬來西亞學者白偉權以其對十九世紀霹靂錫礦產業發展研究為基礎，根據英殖民地官員文獻對「港門主」的描述，提出了「港門系統」的概念，認為港門一詞源於早期南來的客家人用語，原意為江河水道的入口，後來引申指代通過河流實現商品與人口流動的礦區，所謂港門主，既是從馬來土酋處獲得礦區專利權的華人頭家。近年專研馬來西亞本土地名的文史學人雷子健則更加直截了當地認為，港門即是早期本地粵客方言群對於礦地的俗稱，如霹靂太平的甘文丁（Kamunting）俗稱「新港門」，便是一例。

事實上，在砂拉越州（Sarawak），至今仍能找到許多「港門」，如在新堯灣（Siniawan）有八大港門，石角（Batu Kawa）則有十二港門的說法等等。據台灣學者羅烈師的看法，砂拉越的港門即村落之意，因地處臨河之故而被稱作港門。然而，若欲將港門與礦區礦地相捆綁，新堯灣或許尚能成立，但石角的開發史卻是農業色彩濃厚，似乎與採礦關係薄弱。即便回到馬六甲，中元廟普渡的四大港門，當地早期產業發展史也以菜園和樹膠為主，似乎也與礦業無直接聯繫。然若退一步言之，這些地處內陸的港門，都普遍與客家方言群有較強的關聯。馬六甲的四大港門居民原以陸豐人為主，時至今日主持中元廟普渡儀式的也仍是陸豐道士。而無論在砂拉越還是馬六甲，十九世紀中葉的客家移民也確實大都與採礦業相關。

因此在我看來，早期的港門或許真的是對礦區或礦地的俗稱，但隨著人口流動及產業變遷，便出現了地名泛用化現象，港門一詞被使用在新的產業聚落之上，成為與礦無關的村落社區代名詞，其意義也自然被不同時空所替代。恰如我向四大港門的長輩們詢問港門為何物時，他們先是不解我的不解，進而解釋港門就是港門，最後看我一臉呆萌，為了幫助我理解這麼簡單的名詞，只好告訴我說：港門就像新村一樣。想來我們彼此都知道港門不是新村，卻又明白它便是家園、鄰里及社會，是殘留在歷史餘燼中的名字，卻承載著當世的記憶，構築且維繫著人與人的港門。

第二章 山和海之間

壹　出門須防白礁嶼

二〇二一年六月中旬，新加坡尤索夫伊薩東南亞研究院（ISEAS）的海洋考古學家宣佈，在白礁附近海域發現的兩艘十四世紀與十九世紀的沉船中尋獲大量水下文物，其中更包括稀有的中國元代青花瓷器，引起考古與歷史學界矚目。

白礁的得名，蓋因礁石上曾布滿白色的鳥糞，在海上格外顯眼，因此無論在古代中文、馬來文或葡文的歷史文獻裡，都以「白礁」（Pedra Branca／Batu Puteh）稱之，並沿用至今；又因為白礁位於柔佛海峽，及新加坡海峽的東部門戶，潮水湍急多變，海面下暗礁密佈，因此也成為古代往來印度洋及南中國海之間的船舶夢魘。十六世紀的荷蘭航海家范林斯霍滕（Jan Huyghenvan Linschoten）在其航海遊記《范氏葡屬東印度航海紀行》（Itinerario: Voyage ofte schipvaert van Jan Huygen van Linschoten naer Oost ofte Portugaels Indien, 1579-1592）中就曾如此描述白礁海域的兇險：

「……往來中國的船舶常常得冒險穿越這裡，當中有些被永遠留了下來。每當航至此處，水手們都要蒙受在其他水域所未有的巨大恐懼……」

對於進出海峽東部門戶的船隻而言，如何讓自己航行在一條相對安全的水道，對於保障船舶、人員及貨物來說，無疑是至關重要的。而與白礁遙相對應、一同「拱衛」海峽東部門戶的，是馬來半島東南端的拉勿尼亞岬（Romania Point／Tanjung Ramunia）岸外的羅漢嶼（Romania Islands／

Pulau Lima）。據邊佳蘭當地沿海華人口耳相傳的說法，羅漢嶼原來共有十八座礁石，其中半數為顯礁，另一半為暗礁，後來隨海平面上升，海面上的顯礁僅存五座，因此得名 Pulau Lima（意即「五嶼」）；又曰早年在羅漢嶼礁群，曾插有一根長長的竹竿，予往來船隻警示，當地華裔老漁民遂稱之為「三寶竹」云云。

如此一來，海峽北邊的羅漢嶼和南邊的白礁，便是由古至今的水手們進出柔佛及新加坡海峽時務必用心迴避的險地。中國明代張燮所著、一六一七年成書的《東西洋考》卷九〈舟師考〉所附「針路」（即根據羅盤方位測述的航海路線指南）的羅漢嶼條目下，註明了「有淺，宜防，往來尋白礁為準。」此外，大約成書於明末清初的《指南正法》裡關於馬六甲往廈門的航海路線，也有對船隻穿越羅漢嶼及白礁時應當注意事項的詳細描述：

「……用單辰及乙辰三更，取長腰嶼，切莫過南邊，宜行北邊過船，打水十四五托，又防北邊羅漢嶼北有礁，打水十七八托，正路打水出門須防白礁嶼……」

十八世紀末，英國東印度公司的首席水文師霍士保（James Horsburgh）開始對新加坡島周邊海域進行勘測，之後出版了水文地理志《印度航行指南》，是近代人類首次對白礁與羅漢嶼海域進行科學測量和描述記錄。為了紀念霍士保對海峽航行安全的貢獻，一八五一年在白礁落成的燈塔便以其尊姓命名（Horsburgh Lighthouse），並且一直運作至今，為往來繁忙的船隻指明海路。

步入現代，不僅由於動力來源早已從風帆改為蒸汽機、內燃機，以及衛星定位、雷達輔助、自動導航等技術的普及，礁石和潮流對於川行在白礁與羅漢嶼之間的商船而言，已難以構成威脅。但對於邊佳蘭沿海漁民來說，就不是一回事了。在當地捕過魚的新民伯與我分享他自己發生在一九八〇年代的一次「奇妙歷程」：當年幾位年輕漁夫想嘗試在拉勿尼亞岬附近海域，以流刺網——即當地俗稱的「放綾」——方式捕魚，結果因經驗不足，錯估潮水流向和流速，眼看繫在綾網上的浮標朝白礁方向流走，漁夫們心疼漁網，一時想不開，顧不得天色漸暗，開船尾隨追收綾網，自然而然就闖入了大型商船的航道。黑漆漆的大海，閃駭著航船紅色綠色的信號燈，小小的漁船仰賴著白光燈一盞，在震耳欲聾的鳴笛聲中，船舶駛過而掀起的驚濤駭浪上，一面回收著失落的漁網殘骸，一面拼命閃躲著朝自己左右夾攻的大船，狼狽不堪。

一夜過去，天色漸明，漁夫追著漁網，不知不覺已駛到白礁附近，結果塞翁失馬，這裡網獲極豐。但高興沒多久，某國軍艦駛近，軍人持槍告知漁夫們已非法侵入某國海域，因而要扣押船隻、沒收漁獲、逮捕人員。漁夫們急中生智，表示漁船馬達壞了，才不幸飄到這裡，並贈送幾尾大魚給軍爺表示親善。豈料對方也很講義氣，表示可以幫忙將漁船拖到廖內漁港靠岸。漁民自然是感恩戴德，同時也「意外」地發現馬達奇跡般復活了，於是便懷抱感激揮別軍艦，全速返回邊佳蘭。

四十年後談起這事，老漁民既心有餘悸，又神采飛揚。如果讓他知道當年海上的自己，不僅曾與大船和子彈近在咫尺，更與價值連城的元代青花可能僅百米之遙，不知又將作何感想？

貳　病吟之境

說起邊佳蘭的地名由來，實乃音譯自「pengerang」一詞。關於 pengerang 的詞意與來由，當地馬來社群普遍流傳著兩種說法：其一是相傳十九世紀便在此墾殖的廖內爪哇裔先民因染上熱病，不斷呻吟（mengerang）而得名；其二則是傳說昔日曾有一位名叫 Pengiran 的汶萊商人在前往新加坡途中路徑此地時染病去世，其同伴遂將他埋於此處，其墳墓日後成為當地人眼中的聖跡（keramat），其尊名也隨之成為了地名。查 Pengiran 一詞在古爪哇語中也有「王嗣」之意，一再暗示傳說中此人尊貴的身份。

上述兩則傳說既形象又生動，然若細究歷史，便可看出其中疑竇。一六一三年出版的葡萄牙學者伊利地亞（Manuel Godinho de Eredia）著作《黃金半島題本》（Declaraçam de Malaca e da India Meridional com Cathay）一書所附錄的地圖裡，已將柔佛河口東岸的內陸地區標上了「Pangaranian」的字眼，說明邊佳蘭地名的雛形早在十七世紀便以出現。而無論在十九世紀初的駐新加坡英殖民地官員和學者的勘察記錄中，抑或是記載了現代馬來文學之父文西阿都拉一八三七年途經邊佳蘭沿海見聞的《吉蘭丹遊記》（Kisah Pelayaran Abdullah ke Kelantan）裡，都不約而同將當地形容為人煙罕至的蠻荒之地。換句話說，流傳著上述傳說的當地馬來先民，極有可能都是在十九世紀中後期才踏足當地，而此時 Pengerang 卻早已得名，因此上述地名傳說，大抵是早期先民抵達當地後，望文生義的聯想產物。

雖說如此，傳說本身的出現，往往也與某種時代背景或在地環境有關。

這兩則傳說的內容都不約而同與病疫相掛勾，或許恰恰反映了當地在十九世紀中後期以來墾殖活動中的實際經驗。當時邊佳蘭沿海地區地勢低窪，內陸原始森林密佈，瘴氣肆虐不在話下。加上無論從海峽殖民地（Straits Settlements）的新加坡或柔佛天猛公（Temenggong）治下的新山出發，邊佳蘭都是地處偏遠的邊陲地帶，能投入在當地的衛生醫療資源自然非常有限。一九一〇年以後，柔佛接納英方派駐顧問官（General Adviser），柔佛政府自此開始對邊佳蘭當地的衛生防疫問題多了一分關心，但主要仍以人道主義與避免當地橡膠大園丘內發生大規模傳染病為主，而當時在整個邊佳蘭地區，也只有日資的三五公司邊佳蘭橡膠園內設有園丘醫院，主要服務的物件也僅限於園丘工人及家屬。

有關邊佳蘭病疫危機的歷史紀錄，始於一九一八年。該年二月初，一艘載有七名海南人的中國帆船，從暹羅駛抵邊佳蘭登陸，被船夫安置在當地一間屋子裡，只待了一日便被員警查獲，並驚訝地發現這七名「偷渡客」都患上了天花。兩天後，柔佛政府從新山派出一名外科助理和護理人員到邊佳蘭，並回報說七人當中已有一人病逝，兩人病重，所有病患都在距離邊佳蘭村一英里遠的一棟房子裡被隔離和治療，並由護理人員負責替與病患有接觸者接種疫苗，同時立刻通知新加坡港口相關疫情。又過了十天，護理人員回報有一名患者病死，但其餘五名病患則慢慢康復中。柔佛衛生局當即加派一名疫苗接種師到當地執行任務並每周回報疫情，直到病患康復和隔離解除為止。

很難想像，這起發生在邊佳蘭的疫情小危機，竟引起英殖民地政府的關注。一九一八年三月中旬，新加坡總督表示願意接受一艘柔佛政府派出的船艇，在新加坡勿洛（Bedok）和邊佳蘭之間海域日夜巡邏，官員將登上中國帆船檢查，並引導它們前往新加坡的丹絨禺（Tanjong Rhu）或新山，換句話說，就是不讓這些有染疫可疑的船隻隨地靠岸。四月初，新加坡方面承諾，港口衛生官和華民護衛司（Chinese Protectorate）正在安排有關熟諳中文的登船官（Boarding Officer）隨船執行任務。四月中旬，新加坡當局表示將排出員警部門的一名華人書記擔任登船官。此外，所有中國帆船貿易將在四月底或最遲五月中開始全面暫停。

檢疫、隔離、禁航，這些如今耳熟能詳的字眼，對一九一八年的邊佳蘭人而言究竟有多大衝擊，真的不得而知。對於政府而言，邊佳蘭從此不僅是國境之南，也是檢疫前線，但它又畢竟邊陲，地廣人稀，讓政府實在提不起勁治理。直到一九三〇年代，柔佛政府開始針對邊佳蘭在內的柔佛河流域及東南沿海地區定期派出醫療艇巡診。而從一九二〇年代起便沿著海岸線聚落佈置的海關和警崗，則成為監控偷渡入境的前線。

一九四〇年四月下旬，柔佛東南沿岸又出現數十名來自海南的難民，其中有不少呈現疑似天花癥狀，驚得柔佛總警長通報其上司柔佛顧問官，要求將這些難民統統送去新加坡棋樟山（St. John Island）的檢疫隔離設施，柔佛政府行政會議也開會議決應當如是處理，惟柔佛衛生局首席醫官平靜地通知眾人，棋樟山既不會接受出於這種理由的遣送要求，況且經他派員與新加坡同儕檢查後，這些所謂天花疑似病例，其實都只是出水痘而已，純粹虛驚一場。

翻閱歷史檔案至此，既感慨舊時衛生條件不濟對這一隅百姓帶來的不便與威脅，而品味昔日官員們面對邊佳蘭這個以病吟為名的邊陲之境爆發疫情可能性時，那嚴陣以待的緊張感和行動力，處在歷經大疫的今天，如何不令人沉思。

參　觀音寺山

觀音山（Bukit Pelali）位於邊佳蘭內陸，距離柔佛南部著名旅遊勝地迪沙魯（Desaru）西南約二十餘公里，而從觀音山往南駛七公里，便可抵達以龍蝦聞名的四灣（Sungai Rengit）。從一九七〇年代起修築了二十年才開通、銜接哥打丁宜與四灣的聯邦公路，正好從觀音山陽一側通過，對於外地人如我，每每見到觀音山，便知長路漫漫，終點將至；至於邊佳蘭人，觀音山既指引著回家的方向，也可以是思鄉心靈的寄託，原籍邊佳蘭的新加坡作家流軍，其以故鄉為原型的小說《蜈蚣嶺》，開篇便講述了一個看似熟悉，又充滿魔幻色彩，彷彿源自多重宇宙的觀音山：

「觀音山位於柔佛州極南端，是馬來半島東部山脈的餘脈。峰巒連綿起伏，向北迤邐而去。山腰上懸崖峭壁，怪石嶙峋，氣勢十分險要。主峰直入雲霄，峰巔上終年霧氣繚繞，神秘莫測。山腳下是一片廣無邊際的原始森林，終年陰森森，濕漉漉，陽光照不進，鳥雀也迷路。樹上群猴棲息，林中野豬成群，白天山鷹盤旋，夜裡熊嗷虎嘯……」

現實世界裡的觀音山，山形呈金字形，地質上屬於本地頗常見的鋁土岩（Bauxite），紅泥紅石上長滿熱帶雨林植被，沒有峭壁懸崖和嶙峋怪石，海拔其實也只有說不上是直入雲霄的一百九十米左右。即便如此，連同觀音山在內的邊佳蘭內陸丘陵地形，其「峰巒連綿起伏」的地貌特徵，卻早早就作為海上航路的地標，數百年前起便被航海者所銘記。一六一五年出版的一幅

圖 10 觀音山變貌
（資料來源：莫家浩攝於二〇一七年）

由伊利地亞所繪製的地圖中，在柔佛河口東岸標示著「Barubuquet」。所謂 barubuquet，即馬來語 berbukit，亦可作 merbukit，有「丘陵層峦」的含義，估計是當時水手與地圖繪製者們，對包含邊佳蘭山、觀音山等小丘的邊佳蘭內陸丘陵地帶之概括統稱。十九世紀初起，在歐人繪製的地圖上，berbukit 或 merbukit 一詞開始被用來特指今天的觀音山，並明確其與南中國海的白礁、廖內的馬鞍山（Gunung Bintan Besar），三者一道作為導航進出新加坡海峽東部門戶地標的重要地位。

步入二十世紀，作為山名的 Berbukit 逐漸失傳，改由 Bukit Pelali 取而代之。在馬來語中，Pelali 有「解脫」、「麻木」的意思，如 ubat pelali，即麻醉藥是也。觀音山為何會被取名 Bukit Pelali，仍是個待解之謎。相對而言，中文的「觀音山」出處來由，就明顯清晰許多。一九五〇年代，在柔佛政府所作的一份華人廟宇普查報告中，記錄了一段相信是源於邊佳蘭村民口述的典故，裡面提到邊佳蘭三灣（Sungai Buntu）的觀音寺，最早其實坐落在「觀音寺山」山腳的港腳土地上，廟內供奉的觀音佛像，係由當地組織種植甘蜜的孫厝港和蔡厝港的兩位港主（Kangcu）從中國帶來，奉祀於本地，以求保佑港腳豐收，人口平安興旺。後來隨著甘蜜種植業衰退，一九二〇年代初，五名港腳華工將觀音山下的菩薩遷出荒廢的港腳，再由邊佳蘭沿海華人合資合力，在三灣海邊重建了觀音寺云云。

上述政府檔案文獻所記載的典故，與我於二〇一二年親臨三灣進行田調時收集到的當地耆老口述版本幾乎吻合，由此大致可以確信，邊佳蘭觀音山之得名，實源於其山腳下曾建有一座觀音寺廟之故。后來又有四灣的父老告訴我，相傳在日據時期有華人遁入內陸森林避難，曾躲在觀音山的舊觀音寺遺址中過夜；一九六〇年代，更有村民半夜打獵時，在山林中無意見到疑似舊觀音寺遺址。除此之外，甚至有好幾位曾出入山林的邊佳蘭村民，宣稱自已曾在觀音山腳見過不少頗具規模的華人古墓哩。

遺憾的是，緊隨聯邦公路開通而至的房地產發展，將觀音山腳又徹底翻鏟了幾遍，落個乾乾淨淨，無論是古剎遺址，還是古墓遺跡，大概都難以復見。惟我本人在二〇一二年仍有幸在觀音山腳下見過一座立於清代丙子年（西元一八七六年）的古墓（圖11），根據碑銘，墓主乃嫁入陳家的李姓女子，碑文未見其祖籍，墓碑下部深埋在枯葉腐土中，難以刨開確認。觀其墓制風格，與十九世紀柔佛境內的潮汕籍墳墓制式頗雷同，成為極少數實物得以被記錄下來的早期華人在觀音山　下活動之金石文獻。

因馬來西亞政府推動的石化工業園徵地之故，如今的觀音寺已從邊佳蘭三灣遷至六灣（Tanjung Sepang）；觀音山的屋業開發也乘著發展藍圖的勢頭迎來新高峰，又將山體削薄一圈，紅泥裸露，連年土崩，眼見昔日寄寓鄉思的觀音寺山越來越禿，不禁叫人頭皮發麻。

圖 11　觀音山腳下的清代古墓

（資料來源：莫家浩攝於二〇一三年）

肆　觀音碑匾

時光回溯至一九一〇年代，當時柔佛甘蜜種植的榮景不再，根據柔佛政府檔案記錄，在邊佳蘭，一些離開甘蜜種植園的港腳工人開始從內陸遷至沿海一帶生活。大約在一九二〇年代初，五名昔日港腳的工人，自發一同回到觀音山，將仍留在該處的觀音寺佛像金身，奉請至邊佳蘭大灣與三灣交界的雞丘（Bukit Ayam）山腳下奉祀，爾後蓋了一座小廟。後來，邊佳蘭一帶的華人齊心協力，將觀音佛像金身從大灣（Sungai Kapal）的雞丘（Bukit Ayam）遷至三灣海邊，並於一九二五年在三灣建成一座規模更大的廟宇，而

圖 12　三灣觀音寺「慈雲普照」匾
（資料來源：莫家浩攝於二〇一五年）

這便是今天三灣觀音寺的由來。

作為一九二五年廟宇落成的證據，三灣觀音寺如今仍保存著兩件文物，也是邊佳蘭地區罕見有年份可考的戰前廟宇金石材料。一為原本懸掛在觀音神龕頂上的「慈雲普照」牌匾（圖12），上款曰「民國乙丑年三月吉」，換算為西歷，即西元一九二五年三月至四月間；落款為「梨嘓合港眾弟子仝敬」，初次見到，著實有點傷腦筋，甚至一度猜想，舊時邊佳蘭莫非有處地方叫做「梨嘓合港」？

翻閱文獻資料未獲解答，兩、三個月後重返當地考察，我試探性地問觀音廟理事「梨嘓合港」在哪裡，對方一臉茫然。於是我帶他到了廟裡，指了指高掛的匾額，對方才恍然大悟般解釋道：這匾的落款「梨嘓合港眾弟子仝敬」上面本來還有一個「彭」或「嗙」字，但在二〇〇四年觀音寺大重修時，廟方將這塊牌匾外緣添加上木框，恰好遮著了該字，以致落款只剩下「梨嘓合港眾弟子仝敬」而已。

於是，害我苦思數月的難題，頓時有了個說法。若真是如此，則所謂梨囒，實為嗙梨囒，即 Pengerang 的潮汕或福建方言音譯；而所謂嗙梨囒合港，大抵是指邊佳蘭全境的港腳和村落之意。但問題來了，一九二〇年代才從內陸遷來三灣的觀音寺，真能得到了當時邊佳蘭全境、特別是沿海華人居民的敬拜嗎？關於這點的線索，就要說到三灣觀音寺的另一件文物——「重建座佛祖廟樂捐銀芳名碑」（圖13）了。

「重建座佛祖廟樂捐銀芳名碑」原本佇立在三灣觀音寺廟前，立碑年份為「中華民國拾四年歲次乙丑桐月」，即西元一九二五年三月至四月間，與廟殿內的「慈雲普照」牌匾一致。這口芳名碑的大部分字跡都非常模糊，經仔細粉拓後，可統計出上面一共刻了二三九個捐款人名或商號，總計籌得叻幣三千一百八十四元，在捐款人數與金額方面，甚至還超過了同時期邊佳蘭

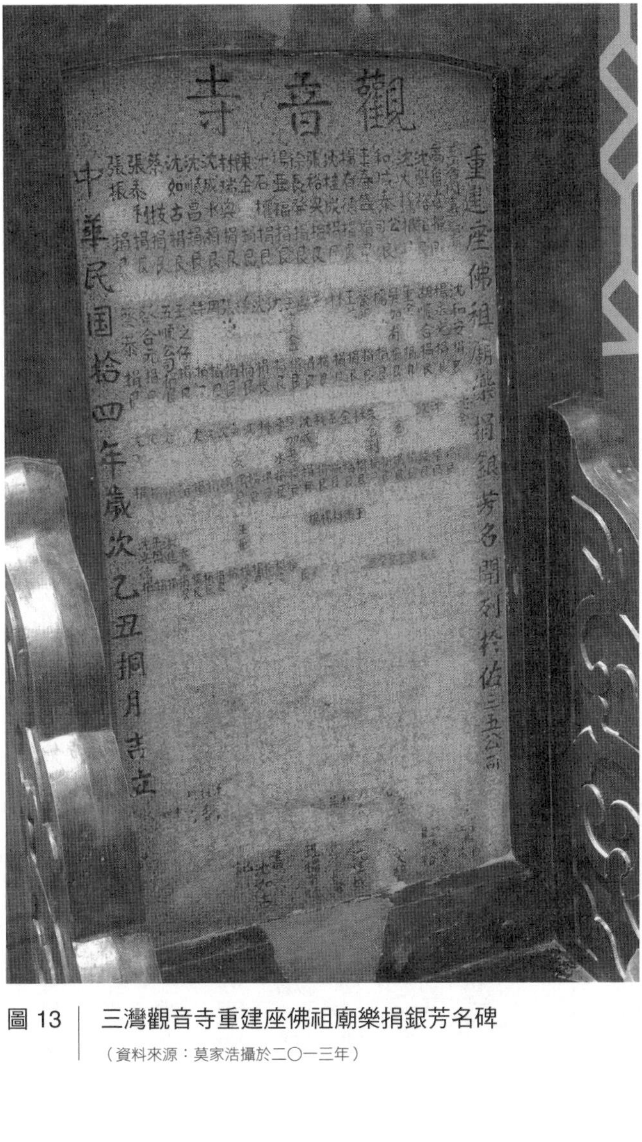

圖 13　三灣觀音寺重建座佛祖廟樂捐銀芳名碑
（資料來源：莫家浩攝於二〇一三年）

華僑公學修築校舍籌款的成績。

三灣觀音寺的這口芳名碑還有一處謎，即在碑文右側下方，很突兀地刻有「三五公司文島捐艮五十」的字樣。所謂「捐艮」，即「捐銀」，捐獻金錢之意，並不難解。之所以說突兀，是因為「三五公司文島捐艮五十」這幾個字，與上款的「重建座佛祖廟樂捐銀芳名開列於佑」相比，兩者字形明顯有異，似乎不是同一時期、經同一人手所刻；且雖然僅捐款叻幣五十元，其字體卻比捐款數百元的人名還要大得多；最後，既然碑文說捐銀芳名乃「開列於右」，所有芳名也確實是刻在「重建座佛祖廟樂捐銀芳名開列於佑」的右邊，那又為何這筆三五公司文島的捐款記錄，卻是落在「重建座佛祖廟樂捐銀芳名開列於佑」一串字的下方，出現在石碑的角落呢？

要解開這謎團，還得從「文島」一詞找起。一九〇六年起，日本人愛久澤直哉創立的三五公司開始在邊佳蘭地區購置土地，進行熱帶種植的嘗試。

一九一〇年代起，三五公司成功在柔佛開闢了上萬畝計的橡膠園，其最早擁有的邊佳蘭橡膠園也擴充至數千畝的規模，成為當時日本在馬來半島的橡膠種植業搖籃。根據一九二〇年代末至三〇年代初的柔佛衛生局年報中記載，當時三五公司邊佳蘭橡膠園的駐園醫生中村氏（Nakamura），每個月都會到一個名叫「Buntoh Estate」的園丘出診。若用潮汕或福建方言發音，「文島」正好可以讀作 Buntoh，而三灣的馬來語地名 SungaiBuntu，Buntu 又音近 Buntoh，因此三灣觀音寺芳名碑中的「三五公司文島」，應該便是柔佛衛生局年報中記載的 Buntoh Estate——一個位於邊佳蘭三灣、如今早被遺忘了的昔日園丘名稱吧！

至於為何「三五公司文島捐艮五十」會出現在碑中如此突兀的角落，在我看來，有可能是「文島園」的創建實際晚於一九二五年三至四月觀音寺新廟落成時，因此於一九二五年當下並未捐款，待石碑刻好後方才補捐；同時或許是因為「文島園」在三灣的地位，加上它與雄霸邊佳蘭的三五公司有關聯，儘管捐獻金額不多，「三五公司文島」的芳名依然被硬湊刻在碑的一隅，字體還刻得比其他捐得更多的人名還要大吧！

一九五〇年代柔佛政府的華人廟宇調查報告裏，將三灣觀音寺形容為邊佳蘭境內規模最大、且最受崇信的神廟，廣受當地福建籍、潮籍與客家華人——尤其是女性所膜拜，被視為可以保佑邊佳蘭全境老百姓平安、興旺與長壽。通過釋讀廟裡保存的文物內容，也在一定程度上說明了戰前三灣觀音寺在邊佳蘭的地位。二〇二二年六月，受政府發展石化工程徵地而逼遷的百年古剎觀音寺，成為二〇一二年以來因徵地而迫逼遷的邊佳蘭華人廟宇當中，最後一座圓滿落成、晉殿安坐的神廟。遙想近百年前，觀音寺也曾因產業變遷之故，從觀音山輾轉遷至三灣落戶，如今歷史不僅形同再現，文物與記憶也得以在六灣延續，長歎之餘，猶感慶幸。

伍　觀音游神

二〇二二六月，三灣觀音寺準備喬遷至六灣。在遷廟最後階段，如何將觀音寺諸神明金身護送至新廟並進殿開光，無疑是關鍵。為此，廟方在今年六月三十日上午，舉行了一場遷寺晉闕大典，我受邀觀禮，有幸親身參與觀察這場百年難得一遇的盛事。

話說從頭，三灣觀音寺當年被逼搬遷時，觀音金身被暫時寄放在主祀「四位王府」的四灣寶安宮殿內安置。在邊佳蘭，將神明寄放在別的廟宇並不稀奇，在此之前，早有若干受逼遷影響的沿海神廟，將神明金身寄放在寶安宮，待六灣新廟落成後方才將神明金身請回新廟安坐的先例存在。作為除了六灣諸新廟以外，目前邊佳蘭一帶建築空間面積最大的華人傳統神廟，寶安宮也有客觀上成為諸神明「中途之家」的條件。當然，村民朋友的解釋，永遠都會比我們這些外人的推敲更合情理：寶安宮內也有奉祀南海觀音，三灣觀音恰好也是南海觀音，既然有如此這般淵源，當然要當仁不讓了。

三灣的觀音要從四灣的寶安宮出發前往六灣新廟，路途起碼有十公里遠。為了完善這最後幾里路，各方討論的結果是辦一次遊行，隊伍離開寶安宮後，將往西抵達四灣街場並繞行一周再往東，朝六灣進發。在邊佳蘭華人傳統中，跨村落的游神巡境並不多見，其中比較典型的是四灣鳳山宮及寶安宮的游神。循例，鳳山宮以三年為一週期，會在農曆三月天后誕期間前往新加坡天福宮刈香，隨後會將香火循海路回到邊佳蘭，在三灣觀音寺前的海灘上岸，與在海邊等候的天后媽祖神轎會合後，浩浩蕩蕩將神明與香火迎回四灣，並在街

圖 14　禮籃裡等待出遊的神明
（資料來源：莫家浩攝於二〇二二年）

場繞行。鳳山宮最後一次舉辦刈香巡境是在二〇一九年，當時由於填海工程，昔日的三灣海邊已不復存在，小船也無法靠岸，於是改在更遠的邊佳蘭碼頭上岸，再乘車回到四灣。寶安宮的遊神則由神明降乩指示，基於不同緣由而舉行，屬於不定期的遊神，路線也不固定，但同樣只會在四灣街場繞行。

本次三灣觀音遷寺遊行，其中一處特點，在於作為原三灣或即將落戶六灣的三灣觀音，此番卻在四灣進行「繞境」，在我的認知中，此事當地實屬罕有，乃至首見。也有村民告訴我，疫情肆虐兩年有餘，如今難得有機會，自然要辦游神，以求淨土驅邪，保境平安。

除此之外，依我觀察，這場別開生面的遊行，其中有許多元素都相當契合邊佳蘭當地華人的傳統。例如神明金身從廟裡請出來時，被擺放在華人的傳統竹編漆器禮籃裡抱著，或直接赤手捧著金身出廟，步行或乘車參與遊行。這點在邊佳蘭沿海諸廟事裡屬於通例，在外地就比較少見了。此外，遊行隊

圖 15　三灣觀音寺遷寺晉闕遊行，途徑邊佳蘭四灣街場
（資料來源：莫家浩攝於二〇二二年）

圖 16　換香敬禮
（資料來源：莫家浩攝於二〇二二年）

伍途徑四灣山福寺及五灣（Teluk Ramunia）新鳳山廟前，皆有稍事駐留以進行換香和敬禮儀式，即由觀音寺理事會主席將手中點燃的大香插入這些廟宇的香爐；相應地，這些廟宇的負責人亦會點燃一支大香，插入三灣觀音出遊的香爐前，並獻上元寶紙錢作為回禮。過去四灣鳳山宮舉行刈香遊神，當香火在三灣觀音寺前海灘上岸並擺入媽祖神轎內，鳳山宮媽祖也會對三灣觀音寺的觀音做類似的換香敬禮之儀。

從學理來說，當地人習以為常的元素，出現在百年一遇的觀音游神，恰好說明了這場跨越村境的游神，仍然具備著當地在石化填海工程遷村之前的村落格局特性。村落與村落之間，縱使存在著經濟發展與地方行政架構上的落差，但在村民精神世界裏，各灣村落彼此是平等的，廟宇及神明自然也是平起平坐的。乘坐禮籃參與遷廟儀式的各廟神明，只有主客之別，並無跨廟宇的等級關係，途徑他廟時，也只是禮貌性的相互問好，而不是分香從屬關係。隨著三灣觀音寺正式落戶六灣，原本來自沿海各村落的八間廟宇終於齊聚六灣神廟村，百年變化的要素貌似已湊齊，未來如何發展，且留待吾輩跟進。

陸　老清明，新清明

在馬來西亞，清明時節是華人傳統掃墓祭祖的日子。清明是農曆廿四節氣之一，落在春分之後，穀雨之前，此時萬物生長，天氣清爽，在古代中國，清明並無特別的祭祀活動，而中原地區的祭祖日子，原是農曆三月之初的寒食節，後來寒食節漸漸式微，掃墓習俗也被清明所繼承；另一個與清明隔得很近的舊節日，是農曆三月初三的上巳節，既是古人春浴禘禊，淨身驅邪的吉日，也是文人聚飲，男女郊遊的良辰。在馬來西亞，有些本地福建人或潮州人，也把三月初三這一天稱作「古清明」或「老清明」，是他們傳統上掃墓祭祖的日子。

二〇一三年，我在柔佛東南端的邊佳蘭沿海跑田野抄墓碑，閒暇時也上馬來西亞國家檔案局柔佛分局查找資料。有一次，我無意中看到一份一九五〇年代的政府檔案文獻記錄，提到在邊佳蘭的四灣的福潮亭華人義山上要拜兩次清明。一次是陽曆四月五日的新清明，另一次是農曆三月初三的老清明。

新老清明的說法，引起了我的興趣。四灣華人習慣上將自己的村落劃分成兩大區塊，即村子西側的令宜河畔兩岸的「港內」，以及港內以東直至聯邦公路旁的「東邊」。港內與東邊的邊界形成，或許是早期當地華人的定居與謀生方式導致。論籍貫，港內的居民以漳州語系的詔安人為主，東邊則以泉州語系的晉江人為大宗。過去，四灣島的華人漁民曾廣泛使用一種被稱作「七星網」或「沉鉤」的方式在近海捕魚，這兩種捕魚方式對海域界限較為敏感，港內與東邊的漁船素來在各自的海域進行七星網捕魚作業，並在各自

圖 17　四灣福潮亭義山一瞥
（資料來源：莫家浩攝於二〇一六年）

圖 18　福潮亭義山的伯公廟
（資料來源：莫家浩攝於二〇一三年）

圖 19 四灣東邊的小碼頭及晾曬的沉鉤網

（資料來源：莫家浩攝於二〇一六年）

的海灣範圍內停泊，井水不犯河水。

在我看來，四灣福潮亭義山上的老清明與新清明，就是港內與東邊昔日內部邊界的歷史印記。當地口述中，港內與東邊華人擁有各自的清明祭祀組織，前者在「老清明」（農曆三月初三）上山祭拜，後者在「新清明」（農曆三月初六）上山祭拜。在邊佳蘭沿海村落中，新老清明分開祭祀的做法只出現在四灣。類似的情況也發生在詔安人與客家人比較多的頭灣（Kampung Jawa），當地的華人墓地曾分為福建義山與廣東義山，當地絕大多數詔安人都選擇葬在前者，客家人則多選擇後者，或許是因為早早便有兩座按籍貫劃分的義山，當地的清明節只有一次，彼此在各自的義山，各拜各的即可。

一九四八年英屬馬來亞宣佈緊急狀態後，政府在四灣徵地，並於一九五〇年代初設立四灣華人新村，將四灣及散居其周邊的華裔人口集中遷置到新村內，強制遷置與人口密度驟增，便由東西兩邊共用的學校及墳場基礎上，進一步打破了港內與東邊原有的社區邊界。如今港內與東邊的華人居民已日益交融，彼此基於舊有籍貫與產業形成的社區邊界也趨於消解，在日常生活中的衣食住行、教育乃至公共事務方面都不再區分彼此。惟有在當地華人的傳統節日祭祀活動中，依舊可隱約感受到港內與東邊畛域的遺緒。

本以為新老清明的謎底已經揭曉，就在兩年前，當我與四灣耆老永川伯聊天時，卻意外打聽到了一個有趣的說法。話說四灣福潮亭義山之所以分別由港內與東邊各自上山祭拜清明的原因，其實是因為早年港內與東邊村民為了爭奪清明義山公祭過後的供品而彼此在山上大打出手。而這個足以引發衝突、造成日後當地新老清明格局導火索的關鍵供品，竟是鴉片！看來義山不僅是社區方言群邊界的見證，也是曾幾何時的一次「迷你鴉片戰爭」古戰場！

柒　東邊普度

上文提到，在四灣華人的認知中，「四灣」乃由「港內」和「東邊」兩部分組成。然而，港內與東邊的界限並不明確，也不存在於政府檔中，而是一種約定俗成的觀念，存在於本地人的意識中。如果硬要較真，本地人會將縱貫四灣新村的古樓路（Jalan Kurau）視為港內與東邊的交界；舉凡四灣的華人墳場（福潮亭義山）、華校（育本學校）、車站和商業街區等，則被視為是港內與東邊人共有的公共場域。

除了前述的新老清明公祭，港內與東邊畛域遺緒的另一個例子是中元祭祀。作為當地華人社群的傳統節日之一，每逢農曆七月，港內與東邊的華人居民一般都會在各自家中祭祀祖先，並且在居所外祭拜無主孤魂。一九五二年的新加坡《南洋商報》一篇署名「永春峇峇」的文章，記敘了當時四灣華人家家戶戶進行中元祭祀的盛況：

「筆者於陰曆七月十四夜，寄宿四灣島華僑學校。當晚從十時起，左右鄰近的居人，正忙於預備著明天『七月半』：一年一度的『普渡節』，東南西北一陣陣的殺豬豬叫聲，吱吱喳喳哀鳴著，繚繞在的我耳畔，使我輾轉而不能入寢，直至五更將近時分，我卻也不覺昏昏睡去這才無聞。第二天，也許是因為失眠的緣故，我起身時已是日上三竿了，午餐過後，整個島上似乎瀰漫著香燭和金銀紙那燒爐的氣味，原來家家戶戶開始恭請神鬼來享的拜祭了。」

七十年後的今天，中元節仍舊是四灣華裔居民家家戶戶普遍祭祀的節日。

然而史料顯示，超越一家一戶範疇、屬於社區集體祭祀的中元普度活動，相對較晚才在四灣出現。舉辦中元普度的四灣華人團體或廟宇，包括四灣佛教會、港內碼頭、四灣法主宮、青山廟、真空教應光道堂、東邊寶安宮、邊佳蘭教會紫煥閣等，其中以寶安宮的慶中元會的起始年份較久、延續至今，且頗具規模。該慶中元會始於一九七〇年代初，由漁民在東邊的魚寮舉行。其緣起據說是因為一九七〇年代初的東邊海域發生多起海難，因而才在寶安宮四位王府下乩指示下舉行普度以求安靖。

據我觀察，如今的寶安宮慶中元會儀式，皆面向海面進行，除了在海堤設置臨時香爐外，也在海堤旁燒化祭品，體現了此一中元普度活動歷史上與漁民及海難的淵源。而相傳早期東邊普度曾發生一場「意外」，當地村民至今猶津津樂道：話說當初請過一位道士過來主持普渡儀式，最後在拋撒供品時，東西撒光了，竟抓起地上的沙子來撒，犯了不敬的禁忌，結果儀式未完就口吐鮮血云云。故事玄乎真偽難辨，但足以顯見當地人對東邊中元普度的敬慎態度。

步入一九八〇年代，在時任寶安宮四位王府乩童的積極推動下，一方面大興土木，發起重修寶安宮；另一方面則對其周邊的小廟伸出橄欖枝，或納入寶安宮內，或維持密切關係。在此氛圍下，一九八〇年代以後，東邊魚寮的中元普度移至寶安宮海邊舉行，逐漸成為寶安宮的中元普度活動。保安宮的中元普度的參與者也不再局限於東邊漁民，而是開放讓其他村民信眾參與助普。迨至二〇〇九年寶安宮大禮堂落成後，則移入禮堂內繼續沿辦。在組織上，寶安宮慶中元會也逐漸改由寶安宮理事會代為籌辦。

回到儀式層面，普度伊始，寶安宮的乩身會在宮內神前扶乩，先請來廟裡供奉的主神四位王府降駕主持，眾人再將慶中元會的彩繡高掛在禮堂裡，在四位王府金身監督下，將覆蓋在大士爺頭部的紅布取下，完成開光。彩繡

圖 20　四位王府親督海邊燒化供品
（資料來源：莫家浩攝於二〇一七年）

圖 21　大士爺彩繡與四位王府金身

（資料來源：莫家浩攝於二〇二〇年）

上繡有中元普度常見的大士爺形象，右手舉著「分衣施食」的令牌，布帳兩翼繡有對聯曰「千秋載德永長明，萬古恩光垂普照」，橫批曰「四灣寶安宮慶讚中元」。

乍看之下，大士爺是普度的主神，然而在大士爺布帳開光和退神、監督祭祀、燒衣施食等儀式環節中，皆由寶安宮四位王府發揮核心作用；燒衣施食時，以寶安宮神符燒化，除了象徵燒衣施食在整場儀式裡的重要性，也體現了寶安宮自一九八〇年代以降，一方面整合其在四灣東邊的神聖領域，同時也一再重新確認東邊邊界的範圍。從這點出發，東邊魚寮慶中元會被納入寶安宮的過程，也可視為後者自一九八〇年代起迄今，不斷重塑與鞏固自身作為四灣島東邊華人祭祀圈中心過程的縮影。

捌　四灣媽祖刈香

四灣港內的鳳山宮，廟裡主祀天后聖母，配祀開山聖侯與大伯公，此廟據說始於一九二〇年代，坐落在鯊宜河（Sungai Rengit）河畔，是四灣歷史最悠久的華人廟宇之一，鳳山宮的天后聖母也被當地人通稱為「四灣媽祖」。相傳四灣媽祖刈香習俗始於一九六〇年代，鳳山宮每過三年就要到同樣供奉天后聖母為主神的新加坡天福宮刈香一次，日期通常會選在農曆三月廿三天后誕正日之前進行。在華人民間信仰裡，所謂刈香是指本廟前往相關的大廟或祖廟掐取香灰，帶回本廟來合爐，藉此汲取補充本廟神明法力。

圖 22　在邊佳蘭四灣海邊等待刈香歸來的媽祖及觀音神轎
（資料來源：莫家浩攝於二〇二三年）

圖 23　四灣媽祖從新加坡天福宮刈香返回邊佳蘭四灣海邊上岸
（資料來源：莫家浩攝於二〇二三年）

以我近年來對四灣媽祖刈香活動的參與觀察所得，刈香活動前一天，鳳山宮會派出三、四人，其中一人必須是值年爐主，其他則可以包括頭家、該廟理事會主席、顧問或理事等，將一張在廟裡供奉、上面印有「天福堂」字樣的老符令、媽祖令旗等物件置於香籃中，帶往新加坡天福宮。香籃會被安置在天福宮的天后聖母神案上，一行人也會在天福宮總爐裡上香。隔天清晨，刈香代表們會回到天福宮取回香籃，並從天福宮總爐中搯取香灰，裝入事先備好的香灰袋中並置於香籃裡，由爐主捧著，趕往新加坡樟宜碼頭乘船，循海路回到邊佳蘭的丹絨本哥利（Tanjung Pengelih）碼頭完成海關通關作業，再轉乘小艇，駛往預定的刈香上岸地點。此時，迎接香灰的隊伍，包括四灣媽祖金身神轎及媽祖乩身也會在預定上岸的海灘邊等候，待刈香代表團一返抵登岸，便開始晉香巡境游神，護送新刈的香灰回到四灣。爐主捧著香籃，亦全程跟著迎香隊伍巡境。巡游結束後，新刈的香灰不會被倒入鳳山宮的香爐裡，而是將香灰袋原封不動置入鳳山宮四灣媽祖神龕中安奉。

圖 24　置於香籃中的香灰袋

（資料來源：莫家浩攝於二〇二三年）

在四灣媽祖刈香習俗中，香灰上岸的地點可謂一改再改。二〇一六年，刈香代表團仍延續舊例，在四灣以西三、四公里遠的三灣觀音寺前海灘上岸登陸，三灣觀音寺主祀的觀音娘娘金身也會在香灰上岸後，加入迎香隊伍一路巡境至四灣鳳山宮。之後的二〇一九年，此時三灣觀音寺前的海灘已在邊佳蘭石化工程填海計劃下不復存在，該年刈香代表團在丹絨本哥利碼頭通關後便直接換乘汽車，循陸路回到四灣，巡境儀式也大大簡化。按三年一度的慣例，四灣鳳山宮本該在二〇二二年舉行刈香，然而卻因疫情未消而未果，延至二〇二三年才舉辦，並將香灰上岸地點，改為四灣鄰宜河口漁船碼頭西側的海灘。另一方面，此前已因徵地而遷至六灣新區的三灣觀音寺，其觀音娘娘也乘神轎在海邊等待媽祖香灰上岸，隨後亦加入巡香隊伍。

在我看來，四灣媽祖刈香照例由三灣上岸，應有其歷史脈絡，蓋乎早期的三灣及四灣鳳山宮所在的港內，華人居民大體以福建詔安人為主，從而使得四灣媽祖刈香巡境，具備了針對特定群體及其住地範圍內保境佑民的意涵。如今三灣幾乎不復存在，四灣媽祖刈香勢必要換地方上岸，然而即便有現成且便利的四灣漁船碼頭，卻依舊選擇從碼頭旁的海灘涉水上岸的安排，彷彿默默吐露著鄉村集體記憶與在地信仰傳統互動的某種隱喻。

玖　午時茶水

每逢農曆五月初五，四灣寶安宮都會舉辦炒「午時茶」的活動。根據廟裡耆老的說法，寶安宮端午炒茶的傳統源自中國的福建原鄉，隨先民南傳至四灣島，迄今至少已有六、七十年歷史。在當地，午時茶可以作為神明問事的藥引贈予村民，而每當寶安宮有大日子時，廟方也會泡好一大壺午時茶水給到場的村民信眾任飲，蓋有神明庇護、清熱解毒的功效。

炒茶的時間選在上午時分開始，持續至中午，需耗時近兩個鐘頭。廟方先將茶葉擱在帆布上，平鋪在廟埕接受陽光曝曬。同時也在廟埕架設火炭爐，爐上置一大鐵鑊備用。炒茶的的步驟，先是將已切絲的生薑倒入熱鐵鑊中炒熟，再倒入白鹽炒勻後先行起鍋。隨後，將已晾曬的茶葉倒入鑊內一陣子，再加入事先備好的十八味藥材和方才炒熟的薑絲，滿滿一大鑊，得由來義務幫忙的村民一人一把大鍋鏟，小心翼翼地不斷拌炒攪勻。

接下來便是整個炒茶中堪稱畫龍點睛的步驟了：寶安宮的乩身回到廟裡起乩，請來寶安宮主祀的四位王府降神，開立神符後，復臨炒茶現場，將神符燒化在鐵鑊的午時茶葉上，並撒上一大匙四位王府的「爐丹」（一種在廟裡經過特殊儀式煉製的香爐灰），再由乩身手持乩，四位王府的金身在午時茶葉上揮動比劃幾下，來幫忙炒茶的村民再將茶葉、爐丹和神符灰燼摻和起來，午時茶便大功告成。此時廟方會將一部分午時茶預留在茶缸中供廟裡備用，其餘大部分都由村民信眾們分裝打包，給有需要的人領取。

無獨有偶，四灣鳳山宮也有在端午節向村民信眾提供「午時水」的習俗。

昔日做法據說是在正午時分取井水，在水中加入艾草和玫瑰露，再化入鳳山宮媽祖娘娘的神符便告完成。如今井水難得，改用自來水代替，但供當地村民隨意取用以求平安康健的用意，與寶安宮的午時茶實乃異曲同工。按我在二〇二三年端午的親身觀察，鳳山宮主事者會事先準備好兩個水桶，在當天早上盛滿清水，在桶身貼上鳳山宮天后的神符，桶內加入新摘的艾草束，復將滿滿兩桶水置於廟埕前，接受端午的陽光曝曬直至正午時分，再由鳳山宮爐主在神前擲筊求得勝杯後，桶中會再加入白米酒，並將天后神符燒化入水中，午時水便大功告成，信眾可以自攜容器，自由索取。

據老一輩所言，寶安宮的午時茶與鳳山宮的午時水儀式，至少都有五、六十年歷史，習俗的細節也多少與從前有所改變。例如舊時的午時炒茶時，會將寶安宮供奉的主要神明都請出來，輪流對炒茶儀式進行「檢驗」，惟如今已簡化成僅由寶安宮主神四位王府擔綱即可。此外，從前炒茶所用的藥材

圖 25　在四位王府金身監督下炒製午時茶

（資料來源：莫家浩攝於二〇二三年四灣鳳山宮）

也沒有那麼多味，乃經神明歷年指示，才逐漸增至今天的十八味，具體用量也會根據吉凶，年年有所微調；早年鳳山宮的午時水用的是井水，惟後來難覓井水了才改用自來水。從前的儀式中也無需爐主擲筊，加入水中的酒也不一定是白米酒等等。

行走在田野中的觀察者，其實都不難發現核心所謂一成不變的傳統，從來都在不斷改變。其中既有因應不斷變化的時勢而變，也會有經年亦不易改變的部分，兩者皆是構成研究者梳理歷史脈絡的要素。討論邊佳蘭四灣的午時茶與午時水中不變的傳統時，首先可以追溯到中華傳統文化中，對於端午正午時分這個「惡月惡日惡時」的忌憚，即便我們身處熱帶，也能切身感受到端午時節前後那氣溫轉熱、雨水增多所帶來的濕熱天氣的不適，以及蚊蟲肆虐與流行疾病增加的威脅。因此，像是「午時茶」這類事物，便與因《白蛇傳》而聞名的雄黃酒一樣，都有著能讓人在端午時節避邪除疫、逢凶化吉

圖 26　將新摘艾草放入午時水桶中

（資料來源：莫家浩攝於二〇二三年四灣鳳山宮）

的意頭。

事實上，無論是自來水、艾草、玫瑰露，還是生薑、茶葉和藥材，其實都是一般日常可以買到的材料。從民俗信仰研究的角度思考，將這些平凡素材轉換成避邪除疫品的媒介，來自於庇護地方的神明力量。舉凡神符和爐丹，都是神力的具象化；在寶安宮，每年午時茶的藥材配方比例，都是由四位王府下乩指示的。正是如此，方能在眾目睽睽下，賦予午時茶和午時水其神聖意涵。而提供此項服務的寶安宮及鳳山宮，其實平時也都在當地肩負了民間療法的傳統功能，如寶安宮四位王府，早在日據時期便有靈媒治病的案例，而鳳山宮天后媽祖，在替幼兒收驚安神方面也頗有顯名。

要知道邊佳蘭地處偏遠，直到一九七〇年代才開通來往哥打丁宜的公路，公共醫療資源相當匱乏，此前有條件的人家妊娠看病都要乘船去新加坡，換作沒有條件的人家，情況則更無奈。此情此景，神明信仰便是不可輕易蔑視的安定力量。除此之外，午時茶與午時水之間，可能也蘊含了昔日四灣華人社區的內部邊界。

如前所述，今天的四灣華人仍會將當地劃分為東邊與西邊（港內）兩區，且不諱言地憶述老一輩的時代，東西兩邊華人的各種不睦與衝突。當然，四灣東西兩邊的邊界隔閡，早就隨著戰後世代的小學同窗情誼及彼此廣泛通婚而消解成為茶餘飯後的笑談，唯有在兩邊各自的廟宇信仰傳統中，才可以依稀感受到歷史的遺緒。

從這點出發，雙方有各自應對「端午危機」的午時茶及午時水，其實也可視為一例。尤其有趣的是，許多東邊人至今都不知道西邊有午時水，不少西邊人也至今都不知道東邊有午時茶。若非有媒體報導披露，這種歷史邊界造成的地方知識陌生感，或許還會在東西兩邊延續更久吧！

第三章 邊城敘事

壹　從廟名談起

佇立在新山直律街的柔佛古廟，是新山華人社會重要的宗教祭祀場所，一年一度的柔佛古廟游神慶典更是萬人空巷，不僅榮登馬來西亞國家非物質文化遺產名錄，也持續吸引國內外游人學者的關注，享有跨境的名聲與熱度。至於柔佛古廟之「古」，其中現存有明確紀年的最古老文物，乃高懸在正殿之上的《總握天樞》牌匾，上刻「同治庚午歲葭月谷旦」，即西元一八七〇年十二月，距今一百五十年有餘，是柔佛古廟歷史年份考證的重要基準。

那麼，作為廟名，「柔佛古廟」又是何時出現的呢？從十九世紀末到

圖 27　入夜後的柔佛古廟山門

（資料來源：莫家浩攝於二〇二三年）

二十世紀最初十年，在目前已知關於新山游神活動的報導中，俱無提及「柔佛古廟」一詞。一九一四年，新加坡《南洋總彙新報》的一篇新山游神報導中，則使用了「新山大伯公廟」的說法。直到一九二一年，新加坡《新國民日報》的新山游神報導中開始出現「古廟」一詞，但並未綴以「柔佛」。直至一九三〇年代起，這些本地中文報章才開始廣泛慣用「柔佛古廟」一詞；而在柔佛古廟保存有明確年份可考的文物當中，最早刻有「柔佛古廟」字樣者，為甲子年正月十五日（應為西元一九二四年二月十九日）、由信女陳玉蘭喜敬的一口雙獅首小銅爐。結合文獻與文物，我們或許可以推估：「柔佛古廟」作為廟名的起始，可能並不會早於一九二〇年代。

另一方面，在歷史與當下，柔佛古廟尚有別名傳世，其中有些早已不常聽聞，但也不乏有一直沿用至今者。以下便列舉幾個來說說：

一、「大伯公廟」：如前文述及，一九一四年的《南洋總匯新報》曾將柔佛古廟稱作「新山大伯公廟」。另一方面，新山客家先賢、曾任法庭通譯官及柔佛華僑公所產業信託人的潘成容於一九四九年致函新山土地局，以商討柔佛古廟土地丈量問題的信件中，將柔佛古廟所供奉之神明稱作「大伯公」（「Topekong」）。即便如此，將柔佛古廟稱作「大伯公廟」者，目前只存在於零星的史料文獻之中，鮮少聞於民間。

如今在柔佛古廟正殿供奉的五幫神明當中，由客幫奉祀的感天大帝，在潮汕民間信仰中屬於伯公信仰一系，確可被稱作大伯公。然若從廟殿神位格局觀之，感天大帝只是柔佛古廟的配祀神，如果僅是因為有拜感天大帝，而稱柔佛古廟為大伯公廟，似乎有說不過去的地方；另一方面，作為柔佛古廟主神的元天上帝（玄天上帝），民間一般以「大老爺」稱之，若被稱作大伯公，也很令人費解。因此在我看來，柔佛古廟早期存在「大伯公廟」的說法，可能是一種偶然的謬誤，也有可能是受客家幫群的信仰習慣影響，目前尚無法定論。

二、「北帝廟」：將柔佛古廟稱作北帝廟的說法，最早見於十九世紀晚期。本地文史學人張禮銘曾援引一份一八九一年柔佛古廟產業買賣契約內容，裡頭所用廟名為「Tokong Jiu Huk Betty」，其中 Betty 一詞，應該就是「北帝」的音轉，因此可合譯為「柔佛北帝廟」。二戰結束後，新山廣肇先賢黃義初也曾在其所寫《寬柔學校三十五週年史略》中，提到新山的寬柔學校曾在一九三二年「承買吳文贊建築北帝廟公地屋宇二間」。一般相信，文中所謂北帝廟，即為柔佛古廟。在華人信仰體系當中，玄天上帝一般可被視為統理北方的神明，因此也常常被叫作「北帝」；在馬新一帶，又以廣府人尤愛此稱。依筆者觀察，時至今日，新山粵語方言群體中，確實仍保留著將柔佛古廟稱作北帝廟的習慣。

三、「老爺宮」：新山的老潮州們，至今仍習慣將柔佛古廟稱謂「老爺宮」。在潮汕方言裡，習慣將男性神明稱作「老爺」，游神巡境被稱作「營老爺」，而「老爺宮」就是對神廟的一種通稱。如上所述，柔佛古廟裡的主神元天上帝，也常被新山華人稱作「大老爺」，原因也是受潮汕方言的影響。值得留意的是，大老爺其實並非特指元天上帝，例如潮州青龍古廟的主神安濟聖王，也被當地人尊稱為大老爺。換句話說，「大老爺」一詞，其實是潮汕方言中對於社區廟宇主祀的男性主神之尊稱。

這裡也有必要提及「地宮」一詞。早年柔佛古廟曾有廟祝承包打理廟務，而新山的老潮州們也習慣稱呼柔佛古廟廟祝夫婦為「地宮伯」和「地宮姆」。有鑒於此，過去學界普遍認為「地宮」一詞乃柔佛古廟的潮語別稱。然若了解潮汕方言即可知，所謂「地宮」一詞，實為廟祝的意思。本地文史學人鄭永樺也告訴我，「地宮」乃「治宮」的潮語同音異寫，意即治理宮廟者，廟祝是也。如潮州俚語有云：官清胥吏瘦，神顯治宮肥。在我的田野經驗中，新山的老潮州長輩們向來只會稱古廟廟祝為地宮伯、地宮姆，並將柔佛古廟稱「老爺宮」，反而絕少有將柔佛古廟稱作「地宮」的。如此看來，將地宮視為柔佛古廟別稱的說法，也許真的只是基於古早鄉音的美麗誤會。

說罷古廟，再談柔佛。在馬來半島華人廟宇當中，以地名為廟名者不算罕見。當中引用中國地名概念者，有太平（Taiping）的嶺南古廟、麻坡的粵東古廟等；至於引用本地地名者，除了柔佛古廟之外，比較知名的就數怡保（Ipoh）的壩羅古廟。此處所謂「壩羅」，乃怡保舊地名 Paloh 的音譯。在邊佳蘭，尚有一座據信建於一九〇〇年代、供奉「大士老爺」的泰山宮。在當地客家方言中，泰山與大山同音，暗指邊佳蘭的中文舊稱——大山母。如果進一步放寬限制，將本地處處可見的拿督公、大伯公等公廟私壇考慮在內，那麼以本地地名為廟名的廟宇，數量恐將不勝枚舉了。

然而，與眾本地地名相比，「柔佛」不僅是州名，還曾經是東南亞古老

圖 28　柔佛古廟遊神時懸於行宮的元天上帝燈籠

（資料來源：莫家浩攝於二〇〇八年）

的國名，分量之重，也算獨樹一格。然而這望文生義，也難免想得有點大了。早年的人們其實有將新山稱作「柔佛」的習慣，例如一九二〇年代初成立於新山的柔佛華僑公所、一九三四年成立於新山的柔佛潮州八邑會館，名稱「柔佛」，但實指新山而已。即便時至今日，包括不少華裔及友族同胞在內的新山外埠人士，哪怕同屬柔佛州內，仍習慣將新山稱作柔佛（Johor），說是要去柔佛，其實是到新山（Johor Bahru）。所以說，柔佛古廟之「柔佛」，應該僅指新山一埠。當然，如果說當初為柔佛古廟命名者是有意語帶雙關，使其廟名既指代新山市鎮，也代表柔佛一國，此番臆想，不也壯哉？

貳　從前有處噓呀坡

新山柔佛古廟有一口鐘齡一四八年的銅鐘，目前與眾多文物一同珍藏在該廟歷史文物迴廊裡。在柔佛古廟眾多文物當中，這口銅鐘可算是相當特別的一項，因為在它身上至少藏有兩大謎團，真相至今仍眾說紛紜。而一切謎團，皆源於鑄在鐘上的短短十七字銘文：同治乙亥年／春月吉旦／噓呀坡／眾弟子仝敬。翻譯成白話是在說：清朝同治乙亥年的春天良辰吉日，噂呀坡的信眾們進獻此鐘。

一般相信，銅鐘銘文中的「乙亥年」，應為西元一八七五年，使其成為柔佛古廟最古老的文物之一。然而亦有研究者指出同治其實並不存在乙亥年，這是因為大清同治皇帝於甲戌年駕崩，而繼承皇位的光緒皇帝則在乙亥年登基，因此應該是光緒乙亥年才對。如此一來，這口銅鐘上的年份，便成了歷史中不存在的「同治乙亥年」，進而對其來歷產生懷疑。

關於解答問題的頭緒，本地文史學人張文和曾與我有過討論。簡言之，同治皇帝崩於一八七五年一月十二日，即農曆十二月初五，距離新春到來已不足一個月；接著，兩宮太后下詔次年改元光緒，因此從乙亥年正月初一（即一八七五年二月六日）起始為光緒元年。若以銅鐘銘文中的「春月吉旦」推測，此鐘原即計劃在一八七五年春季（即一八七五年二月至四月間）進獻柔佛古廟。由此便衍生出一種可能：當同治皇帝於農曆十二月初五駕崩、太后下詔改元之際，這口銅鐘早已完成鑄造，正在運送或已送抵新山，來不及重鑄。須知造鐘有價，且南洋山高皇帝遠，如此這般，不如蒙混過關？無論真

圖 29 | 珍藏於柔佛古廟歷史文物迴廊的同治乙亥年銅鐘
（資料來源：莫家浩攝於二〇二三年）

相為何，歷史中不存在的同治乙亥年，便這樣永遠保留在鐘身上。

至於另一大謎團，顯然便是銘文中的「⿰口惹呀坡」了。本地文史前輩吳華可能是最早且持續關注「⿰口惹呀坡」一詞由來的學人，他認為「⿰口惹呀坡」乃新山的舊稱，並懷疑「⿰口惹呀」二字會不會是「柔佛」的音譯。張禮銘對此推論提出異議，他援引一九二〇年代英殖民地官員考吉爾（J・V・Cowgill）整理的柔佛地名報告，認為「⿰口惹呀」（潮語發音 Jia Ga）與「柔佛」（潮語發音 Jiu Huk）相去甚遠，進而提出「⿰口惹呀坡」可能是指十九世紀位於新山市鎮邊緣的武吉查卡（Bukit Chagar）之華人聚落——「大厝內」。而作為回應，鄭永樺與安煥然先後援引十九世紀的閩音馬來文詞典《華夷通語》中，大量以「呀」對音的馬來詞彙皆為「ga」音為由，並以《華夷通語》的「更寮」（Rumah Jaga）一詞音譯作「⿰口攵罵⿰口惹呀」為例，認為　呀乃 Jaga 的對音，而非 Chagar。

關於這點，我在威爾金森（R・J・Wilkinson）一九〇一年出版的《巫英字典》（AMalay-English Dictionary）中查找，發現Jaga一詞在十九世紀馬來語裡有「監看」、「守望」的涵義；而Chagar則可理解為一種地產租賃契約。由此推測，Bukit Chagar之得名，或許真與早期「大厝內」聚落的土地開發有關；另一方面，就城鎮發展史觀之，由一八五五年開埠至一八六六年成為柔佛首府前夕，當時仍被稱作「伊斯干達布特利」（Iskandar Puteri）的新山，其規模與功能，大部分時候可能都僅近似於一處邊境哨站而已。因此，如果嘮呀即jaga，則嘮呀坡一詞，或許便源自華人先民對於十九世紀新山開埠最初期，只有王家山（Bukit Timbalan）上的貨棧（Gedung）、幾間勞工宿舍、沒什麼商務活動、外加寥寥幾位官員駐在監守的認知觀感。

一八六六年，伊斯干達布特利成為柔佛天猛公政權的治所，並正式易名為「新柔佛」（Johor Bahru），「柔佛」、「新山」等詞彙也陸續成為這座新興市鎮的新名稱。與此同時，「嘮呀坡」直到十九世紀末仍出現於其他金石記錄上，但卻迅速地失去其書寫地位；而作為口語俗稱，嘮呀則至少仍存活至一九五〇年代，才在新山開埠百年後，隨著老人凋零，終被大眾遺忘，進而化作謎團，引發多少猜想。

參　謎之佘勉旺

綿裕亭義山是新山地區現存歷史最悠久的華人墳場，其已知最古老墓碑年份可上溯至一八六一年，是新山華人歷史研究的寶庫。而在其中，佘勉旺的大墓又是相當獨特的存在：它是綿裕亭義山上規模最大、佔地最廣的私人墓，且居高臨下，地勢講究，不難讓人聯想此墓主人，必是當時新山非凡之人。我雖稱其為佘勉旺大墓，但它實際由一大一小兩座墳構成。根據碑銘，大墳主人為佘勉旺及其三位夫人，小墳則屬於佘勉旺及其排行第三的夫人葉慈淑所有。兩座墳中，唯獨大墳的墓碑刻有年份及祖籍地可考，即光緒戊寅年冬月（西元一八七八年十一至十二月間）、潮州澄邑鱷浦都月浦鄉（即今天的中國廣東省汕頭市金平區月浦街道一帶）。大小二墳的墓碑都刻有佘勉旺的官位，即「清例授儒林郎」，乃從六品的文職散官銜，當屬清末海外華人買官捐納的產物。此外，大墳的墓手處尚刻有對聯，書曰「銅陵衍派家風、柔佛封川世澤」。銅陵乃佘姓郡望，不難理解；而「柔佛封川」這四個字，則讓我聯想起十九世紀風行於柔佛境內的港主制度，或許暗示著墓主人曾得馬來統治者授權，持有港契（Surat Sungai），成為港主開發港腳？

除了綿裕亭的大墓外，佘勉旺的名字也能在新加坡社公廟義興公司七十多座神主牌當中找到。在這批神主牌中，名為「佘勉旺」的祿位，祖籍為澄邑鷗浦都月浦鄉，與新山的佘勉旺相同；此外，神主牌也刻有「明勛義士」的稱號，同樣持有此稱號的，還包括十九世紀新加坡義興公司總理蔡長茂（即蔡茂春）。而我們已知道，柔佛義興公司首領、首任華人甲必丹（Kapitan

Cina）陳開順，在新加坡義興神主牌中也持有「侯明義士」的稱號。因此，若上述兩位佘勉旺為同一人，那麼他在柔佛義興公司內，輩分地位誠可想像。

然而，就是這麼一個人物，雖可找到墳墓及神主牌，在其他歷史文獻中的記錄卻闕如，使得後人根本難以得知佘勉旺具體到底經歷過什麼、曾在歷史中扮演過什麼角色？巧合的是，在同時代新山的另一位佘姓人士——佘泰興的情況，卻與佘勉旺正好相反。據史籍記載，佘泰興為潮籍人士，一八七一年受柔佛政府委任為華人甲必丹，一八七三年，他取得新山士古來河（Sungai Skudai）港契，並與華僑僑長陳旭年同為柔佛政府議會裡的華裔代表。一八八四年，佘泰興逝世，從新山郵政局到中央醫院前的公路曾以其名字命名為「Jalan Tai Heng」，而據張禮銘的觀點，新山市區內的一條巷子「Lorong Lee Thye Heng」，也似與佘泰興有關。然而作為這麼一個人物，我們卻對佘泰興的墳墓位置完全沒有線索，究竟是早已湮滅在發展的巨獸腳下，

圖 30｜佘勉旺大墓遠景

（資料來源：莫家浩攝於二〇一四年）

圖 31｜佘勉旺墓碑近照（二〇二三年）

（資料來源：莫家浩攝於二〇二三年）

抑或是不在新山入土為安？真相為何，仍無從得知。

寫到這裏，我倒忍不住要提出一個大膽假設：佘泰興與佘勉旺，兩者的記載如此互補，有沒有可能其實就是同一人？首先，這兩人有最基本的共同點，即同姓佘，同為潮州人，同處一個時代，且身份不簡單；其二，陳開順曾作為義興領袖，在柔佛受委為甲必丹，那麼佘勉旺的義興首領身份，與佘泰興的甲必丹頭銜，兩者或許互為表裡；其三，佘勉旺墓手對聯的「柔佛封川」，或可與佘泰興「士古來港主」身份相呼應。其四，雖然佘勉旺墓碑所刻年份為一八七八年，但這並不意味著他本人亡於一八七八年，墓碑上也沒有刻明此為其逝世年份，所以也有可能是他另外兩位太太的逝世年份，又或者這座大墳最初本來就是在「種生基」？因此，上述年份與佘泰興一八八四年逝世的記錄，兩者並非絕然矛盾。

推理至此，彷彿一切都串得起來，但歷史研究並非寫推理小說，大膽假設固然有趣，小心論證也很重要。扯了那麼多，也改變不了佘勉旺身份之謎目前仍是撲朔迷離的現實，唯有期待新史料的發現與解讀，才有機會進一步推進揭開歷史謎底。

肆　廣肇惠疑雲

二〇二二年，幾位文化人發起了尋找已故潮州文人蔡夢香留在新山的足跡，本地文史學人覃勘溫也在網上分享其尋獲的蔡夢香逝于新山的新加坡報章訃告。我對蔡氏生平涉獵頗淺，卻被訃告裡的幾處寫法深深吸引。首先，蔡夢香辭世年份應為一九七二年，訃文中卻作一九七一年，錯得很是明顯；其次，訃文中說「出殯安葬於綿裕山之原」，所謂「綿裕山」，只可能是綿裕亭義山，因為蔡夢香最終也的確葬到了綿裕亭哥打路義山上。綜上所述，我懷疑撰寫這篇訃聞的應該不熟悉新山事物的人士，有可能是由當時新加坡

圖 32 | 柔佛古廟的同沾帝德匾，現展於新山華族歷史文物館
（資料來源：莫家浩攝於二〇二二年）

的某位報社廣告員經手的傑作，而這一切可能便是訃告中第三個「筆誤」之所以會出現的原委：訃聞寫道蔡夢香停柩「新山市兆南街二十四號廣惠肇會館」，但查此位址，實為新山廣肇會館所在。

廣肇與廣惠肇，兩者雖然只差一字，然從地方社會的角度出發，卻可差十萬八千里。顧名思義，「廣」、「惠」、「肇」分別是指在中國清代建置下的廣州府、惠州府及肇慶府三屬範圍。長久以來，新山只知有以「廣肇」為前綴的組織或設施，也沒有以惠屬為中心的地緣組織。而在綿裕亭義山上，惠州府籍墳墓也寥寥無幾，意味著惠州籍人士即便在十九世紀便來到新山，其人口也應該非常稀少。但是在新山對岸的新加坡，情況則不一樣，當地有好幾個「廣惠肇」組織，且規模龐大，財力雄厚，社會影響力強。因此，若單從新加坡的既定概念出發，將新山廣肇會館預設為「廣惠肇會館」，就相當地想當然耳且不自覺了。

話雖如此，新山確實有一件重要的歷史文物，或許會為上述課題帶來莫大的疑雲。柔佛古廟如今仍保有好幾副一八七〇年代的匾額，其中就包括同治十二年（西元一八七三年）的〈同沾帝德〉匾。在學術研究領域裡，這塊匾額的內容，最早收錄在陳鐵凡與傅吾康合編的《馬來西亞華文銘刻粹編》當中，其落款記錄為「沐恩信士廣肇惠眾等同敬送」。該書認為，「廣肇惠」指的是廣州、肇慶與惠州三府人士。這麼一來，這塊匾似乎將成為一八七〇年代新山有過惠州人活動的力證？

萬幸的是，儘管歷經一百五十年，這塊〈同沾帝德〉匾目前仍安然無恙，並作為重要文物，在新山華族歷史文物館長期展出。因此我們得以非常輕易便能近距離觀察它，也不難看出其落款所刻，實為「沐恩信士廣肇府眾等仝敬送」（圖33）。既然牌匾上刻的並非「廣肇惠」而是「廣肇府」，就符合了新山其他相關史料所呈現的景象，即新山只有「廣肇」，而無「廣惠肇」一說。

圖 33　同治帝德匾落款細部
（資料來源：莫家浩攝於二〇二二年）

但話又說回來，既然陳鐵凡與傅吾康在一九七〇年代初的調查中將〈同沾帝德〉匾的落款記錄為「廣肇惠」，那麼今天我們在牌匾上所看到的「廣肇府」，會不會是後來有人因為某種原因，特地去粉飾篡改的產物？

面對疑雲，我們有必要讀一讀其始作俑者——《馬來西亞華文銘刻粹編》的前言，了解一下史料誕生的過程。編者在書中述及自身的作業方式，乃先前往馬來西亞各地，將能找到華文銘刻拍照後，再回到吉隆坡，根據照片所攝得的銘刻內容進行辨識和抄錄。編者亦坦言，有時候由於銘刻本身已模糊，導致照片看起來不夠清晰，辨識過程耗時耗力，甚至需要故地重遊，對照實物以確認抄錄無誤。若按其自述，編者團隊只在一九七〇至一九七二年的文物拍攝階段來過柔佛，後來的對照辨識階段並未重返柔佛。

換句話說，當時的陳鐵凡與傅吾康，或許只能仰賴手中僅有的柔佛古廟牌匾照片來識讀銘刻內容，而《馬來西亞華文銘刻粹編》裡收錄的〈同沾帝德〉匾，落款處可謂拍得漆黑一片，若只能靠它來辨識，將照片裡那黑壓壓模糊不清的「廣肇府」，想當然耳誤認作「廣肇惠」，這烏龍似乎也符合當時客觀條件所限，實屬非戰之罪，距離陰謀論還遠得很。

伍　觀音殿銅爐

在柔佛古廟歷史文物迴廊的玻璃櫃中，有一口逾百年歷史、卻較少被世人與學者提及的雙獅首耳銅爐。一九九七年，由新山中華公會柔佛古廟修復委員會編印出版的《柔佛古廟專輯》中，早已詳細記錄了這口銅爐的銘文，即「光緒壬寅冬日／觀音殿／廣肇府眾等仝立／當年總理陳祥元號倡建／省城小半甫永盛造」，並測量其尺寸為爐口直徑十寸三分，爐高十寸，爐身很重。或是基於銘文有「觀音殿」一詞，這件文物在展示櫃中被註明為「觀音殿銅爐」。

圖 34　柔佛古廟歷史文物迴廊保存的觀音殿銅爐
（資料來源：莫家浩攝於二〇二三年）

在柔佛古廟，除了家喻戶曉的元天上帝、洪仙大帝、感天大帝、華光大帝及趙大元帥等五幫神明，其實尚有供奉其他神祇，觀音娘娘便是其一，原本設在古廟的側廂房，一九九〇年古廟重修後遷入新蓋好的左偏殿。顧銘文思其義，觀音殿銅爐應該原是擺在舊時供奉觀音娘娘的古廟側廂房所使用，一九九〇年代以後則作為古廟文物退役並保存下來。

細讀觀音殿銅爐銘文，首先「光緒壬寅冬日」，此「冬日」若是冬至，則該日期即為西元一九〇二年十二月二十三日，或許便是當初進獻銅爐的日期；那為何要在此時獻上銅爐呢？銘文進一步暴露了線索：「廣肇府眾等仝立」的意思，固然可理解為廣肇府人士共同進獻此銅爐，但結合接著銘刻的「當年總理陳祥元號倡建」幾個字，則似乎可理解為，是當時的廣肇府人士共同捐建了觀音殿。

查「陳祥元號」一名，出現在目前新山廣肇會館所保存、刻制年份推測

圖 35　現今柔佛古廟的觀音殿
（資料來源：莫家浩攝於二〇二三年）

為一九一〇年前後的《倡建廣肇會館各界捐銀芳名／演民鐸社班籌款各界芳名》木牌上：在倡建廣肇會館的十五位大協理名單中則出現了「祥元號」，捐銀名單中也有「陳祥元店捐銀兩拾大元」的記錄；而在演民鐸社班籌款捐銀名單中，也有「祥元店喜捐銀三拾大元」的記錄。據此可以相信，在觀音殿銅爐上的「陳祥元號」實為當時新山廣肇社群一員，這也與銅爐銘文中的「廣肇府眾等仝立」相呼應。而所謂「當年總理」，則有可能意指陳祥元號是當時新山廣肇組織的領導人。

所以故事串起來是這樣的：一九〇二年冬至，在新山廣肇總理陳祥元的倡議、廣肇人士合力下，柔佛古廟的觀音殿落成，並獻上一口由中國廣州訂造的銅爐給觀音娘娘。如此一來，觀音殿銅爐不僅可以佐證柔佛古廟供奉觀音娘娘的起始年份，也為考證戰前新山廣肇會館組織歷任總理名單帶來一絲線索。而在我看來最有意思的部分，莫過於當時新山的廣肇人士能夠在柔佛古廟裡倡建觀音殿這件事情，不禁使人對一九一〇年代柔佛義興公司解散前的新山華人幫群結構與互動關係，產生更多想像與推敲空間。

陸　及時行樂

在現如今新山廣肇文物館裡，有一口爐高及爐身直徑都達四十釐米的大香爐，可視為鎮館之寶之一。據說它原本收在新山廣肇會館樓下倉庫裡無人問津，直到十餘年前籌辦新山廣肇文物館，整理倉庫時才重見天日。此香爐用料紮實，製作精美，可惜時代久遠，物是人非，如今早已沒人知道它的來歷，慶幸的是爐身上刻有銘文，為文史研究者的解謎之路留下一線生機。

從形制來說，此爐為本地常見的雙獅首銅爐，上面刻有銘文，上款曰「光緒十七年孟春吉旦」，說明訂製它的人，預計要在西元一八九一年的農曆正

圖 36　新山廣肇會館珍藏的光緒十七年香爐

（資料來源：新山廣肇文物館檔案照）

月將之進獻給神明；爐腰上則刻有「柔佛／玄天上帝」字樣，說明香爐進獻的對像是「柔佛」的玄天上帝；銘文下款則曰「福興鴉片公司眾伴敬送／粵東省城林利源造」，說明這口銅爐是從中國廣州訂製，並由「福興鴉片公司」全體同仁敬送給神明。

從年份來說，這口一八九一年的「柔佛玄天上帝」香爐，若放在新山市區來看，算是相當古早，目前已知年份能早過此爐的，僅有柔佛古廟保存的光緒十六年吉旦（即西元一八九〇年）由「沐恩弟子李根合眷人等」敬送的「雙層空心爐」而已。至於爐腰上所刻的「柔佛」一詞，應是指新山一埠，而非柔佛全境，這是早期華人地名用法的特色。

如果柔佛不是問題，那問題就要出在「玄天上帝」身上了。新山廣肇會館神明廳裡歷來供奉的主神是關聖帝君，也未見有供奉過玄天上帝。而說到新山最古老也最有名氣的玄天上帝廟，便是柔佛古廟。由此便產生一種說法：

此爐原先會不會是新山廣肇人士要送給柔佛古廟，但訂製時將銘文刻成了「玄天上帝」，與柔佛古廟所採用的「元天上帝」不一致，所以被棄置在新山廣肇會館倉庫中？

上述猜想若要成立，尚得先考慮另一個歷史陳述：新山廣肇會館的現址始建於一九〇〇年代，而此爐卻造於一八九一年，比廣肇會館現址落成還要早。倘若此香爐真是因為刻錯銘文而被棄用，那它為何在百餘年間仍能被原原本本保存下來，甚至有緣隨著廣肇會館一同喬遷？由此我們不妨換個思路，去考慮此爐曾在柔佛古廟以外的歷史場景裡被使用過的可能性。關於這個問題，此爐銘文下款的「福興鴉片公司」，或許會是個重要的突破口。

學界一般認為，黃亞福乃於一八九二年從柔佛政府處正式取得柔盛港（又稱黃亞福村 Kampung Wong Ah Fook），即今天新山市區紗玉河（Sungai Segget）東岸的港契及相應的煙酒賭餉碼權。然而在一八九〇年三月的新加坡《星報》一則關於柔佛國內政務事宜的新聞中卻其中提到「現下該處創製新街，系黃福稟請而自行建造者，故其王准其在該處自行沽賣煙酒，不入投碼之內」。根據新聞上下文關係解讀，所謂「該處」應是指新山無誤；另據一八九一年五月的新加坡《叻報》一則新聞亦提到當時新山「各港如新興、如柔盛、如利泰興等處，均陳設一新」，由此可推論，黃亞福早在一八九〇年便已開始投入建設紗玉河東岸並享有該區域的煙酒專賣權。如此一來，新山廣肇會館珍藏的這口一八九一年的「柔佛玄天上帝」香爐上的「福興鴉片公司」，便很有可能與上述這段歷史有關係了。

至於這口香爐的用途，我猜或許是與當時的柔佛古廟游神有關。一八八八年的《叻報》稱「柔佛地方，向例每年於正月二十日為賽神之期，儀仗搖風，旌旗映日，更召名優往為演劇，亦可算窮荒小島之繁華世界」云云；一八九〇年的《叻報》亦稱當年柔佛古廟游神「賽會一天，並於晚間巡遊兩夜，雇定戲劇往為開演」。上述兩篇報告均提到新加坡遊人趁著柔佛古廟游神賽會之期，跨越海峽來到新山參與其盛的風氣，「叻地諸人，往為觀玩者，亦不乏人」、「得以及時行樂也」。在黃亞福村擺設迎神香爐，吸引遊人前來此處圍觀游神隊伍，順便就地消費娛樂一番，這套即便放在如今也適用的操作邏輯，會不會就是這口「柔佛玄天上帝」香爐存在於此的原因呢？

柒　批判游神

說到新山柔佛古廟游神，那無疑是新山最具代表性的宗教民俗活動和身份認同象徵之一，也見證了這座城市百餘年來的發展變遷。按新山華人社群的傳統慣例，每年農曆正月二十日是柔佛古廟眾神出鑾的日子。當天，古廟內供奉的趙大元帥、華光大帝、感天大帝、洪仙大帝及元天上帝五尊神明被置於神轎上，分別在海南幫、廣幫、客幫、福幫和潮幫人員的護駕下，依序被請出古廟山門前往行宮。正月廿一晚上，眾神再從行宮出發，按上述順序和相應的五幫人員配置，在新山市區進行夜遊。正月廿二日，眾神復由行宮起駕回到柔佛古廟，依序入座。

一八五五年開埠的新山，自一八六二年起成為柔佛天猛公政權的行政中心，臨近新加坡的地理優勢使其漸漸發展成土產貿易中轉站，伴隨城市的發展，當地華人社群也日趨茁壯。柔佛古廟坐落於新山市區的直律街上，根據廟內現存的文物匾刻，可知該廟於一八七〇年便已存在。一般相信，柔佛古廟的創立與柔佛十九世紀華人在甘蜜胡椒種植領域的參與有關，而柔佛古廟的游神慶典，則可能源自潮汕地方的賽神「迓老爺」習俗，以祈求風調雨順，合境平安。

二〇一七年，新山南方大學學院出版的《戰前報章有關柔佛古廟游神文獻資料輯錄》學術單刊，收錄了從一八八八年至一九四一年間，刊載在新加坡中英文報章上有關新山游神的逾五十篇報導。相較於英文報刊偏重於報導活動安排和現場熱鬧氣氛，戰前中文報章對於新山游神則更多持社會批判立

圖 37 | 合境平安
（資料來源：筆者攝於二〇一七年柔佛古廟遊神行宮）

場。舉例來說，距今一百年前的一九二一年，新加坡《新國民日報》於新山游神兩周後的三月十七日，刊載了一篇題為〈柔佛賽會的情形〉的報導，提到了當年游神的諸多細節，包括眾神出巡、舞獅、演大戲等花絮，並將柔佛古廟游神批評成迷信、浪費且無益的舉動，非但「為外人所竊笑」，「即有識者亦均嗤之以鼻」。

《柔佛賽會的情形》報導刊出不久，《新國民日報》再接再厲，在接下來一周左右的時間內，連載了一篇題為〈對於柔佛迎神出游之感言〉的長文。這篇文章以讀者來函的形式出現，作者署名何醒民，對當時的柔佛古廟游神提出三大批判。首先，他認為當時中國正處在軍閥割據的混亂年代，此時勞心勞力去辦游神，只會讓祖國及華人自己蒙羞，「不獨貽笑友邦，抑亦自貶人格」；其二，他認為二十世紀的潮流是棄舊迎新，游神活動是落後守舊的行為，只會顯得當時僑居柔佛的華人，「舊惡習尚未掃除、反增進神權之鬧熱」；第三，他認為遊神不僅勞民傷財，放鞭炮則「即易燃燒，又衛生礙」，威脅人們的生命財產安全！

可見，當時馬新華人社會的一批知識份子，將國家興亡視為己任，既反對迷信守舊，同時也鼓勵華社節約，將財富花在興辦教育、啟迪民智上。在這種氛圍下，柔佛古廟游神很自然地成為眾矢之的，對於游神的批評幾乎充斥在戰前每一篇關於游神的中文報導當中。然而，正是透過戰前這些知識份子在報章上冷嘲熱諷的細節，反而讓今天的我們得以一窺游神的昔日風采。例如一百年前何醒民的連載長文，就是如今傳世史料中，最早詳述柔佛古廟游神五幫隊伍構成的，為歷史研究者與愛好者留下了一份了解戰前柔佛古廟游神活動的珍貴材料。裡頭所描繪的游神元素，如廣幫的醒獅、潮幫的扮仙、福幫的搖神轎等，都尚在今天的柔佛古廟游神裡能看得到，且依舊是其魅力所在。

作為一個華人宗教民俗活動，對於柔佛古廟游神而言，反對迷信、提倡節約、乃至環保衛生的呼聲，百餘年來似乎從未停止過。當代百年大疫讓本著「風調雨順，合境民安」寓意的游神面對新的挑戰，遵循法律條文的限制，違反法律條文的指謫，柔佛古廟游神傳統正如往常一樣，也在變遷的時局中不斷被形塑著、適應著。

捌　三個年份

二〇二二年，新山中華公會轄下的新山華族歷史文物館，配合公會一百周年會慶，推出了《百年．傳承——新山中華公會史料展》。所謂百年，自然得從一九二二年算起，將該年視為新山中華公會前身——柔佛華僑公所的成立年份，亦是戰後長久以來廣為接受的通說。

然而，隨著最近十餘年，各路文史同仁孜孜不倦的刨掘，一些新史料的出現，始終還是讓眾人對於柔佛華僑公所成立年份與細節的認知出現了分歧。其中，一九二二年四月《新國民日報》刊登的〈柔佛華僑公所開幕志盛〉

一文，即便不能驗證柔佛華僑公所成立於一九二二年，至少也可以說明公所於一九二二年「開幕」；而一九二〇年九月的柔佛政府憲報上刊登了柔佛華僑公所獲准註冊的公告，則說明戰前柔佛華僑公所的社團「註冊」年份為一九二〇年；而一九二六年四月《南洋商報》上刊載的〈柔佛華僑公所將開成立五周年紀念會〉一文，則又似乎說明，柔佛華僑公所應成立於一九二一年。

目前看來，柔佛華僑公所成立於一九二一年的說法，擁有較多旁證。例如張禮銘曾出示過一份史料，據說是一九二一年九月十七日柔佛蘇丹華誕御宴的柔佛華僑公所受邀名單譯件，以此為證，認為柔佛華僑公所於一九二一年便已存在；此外，一九三四及一九三五年的《南洋商報》都曾分別刊載柔佛華僑公所十三及十四周年紀念會的新聞報導，以此推算，柔佛華僑公所也應當成立於一九二一年。然而，在上述一九三五年的報導中，其開篇卻明

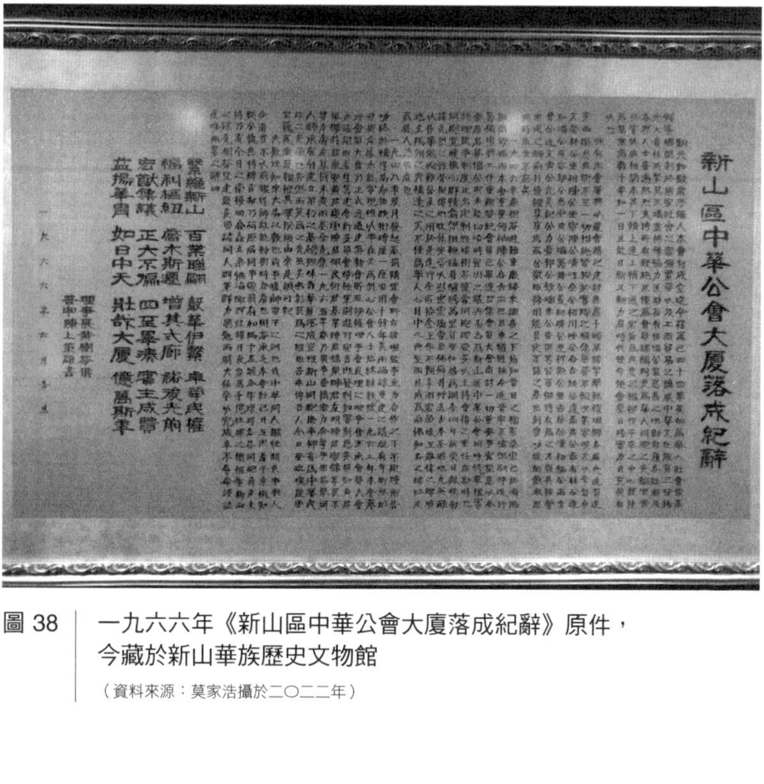

圖 38　一九六六年《新山區中華公會大廈落成紀辭》原件，今藏於新山華族歷史文物館

（資料來源：莫家浩攝於二〇二二年）

明白白寫著「華僑公所成立於民國十一年」，換算即一九二二年，形同在一九二一年的說法上，硬生生打了個問號。

面對新史料帶來的新說衝擊，我反倒對於舊說如何產生這一點感到趣味盎然。通過文獻比對，我越來越懷疑新山中華公會前會長、已故拿督黃樹芬，或許便是最早奠定「一九二二年創會說」之人。在黃樹芬撰寫的一九六六年《新山區中華公會大廈落成紀辭》中，寫到「本會自成立迄今，荏苒已四十四年矣」，顯然是將新山中華公會之前身、柔佛華僑公所的成立年份設為一九二二年；數年過去，在戰後新山中華公會出版的第一本周年紀念特刊——一九七二年《新山區中華公會五十周年金禧紀念特刊》中，黃樹芬在發刊詞裡亦留下這麼一段話：

「一九二二年九月十七日，柔佛長堤舉行奠基典禮，亦即本會成立之時，一九二四年，柔佛長堤落成通車，是乃歷史盛事，而新山之發展又一新紀元之開始也。」

從上述文字可以看出，黃樹芬將柔佛華僑公所的成立年份，與新柔長堤的奠基年聯繫在一起，然而這裡有一個明顯的問題，即長堤奠基日實為一九二〇年四月二十四日，絕非一九二二年九月十七日；那麼，撇開長堤奠基不談，有沒有可能說，上述一九二二年九月十七日，反而才是柔佛華僑公所「成立之時」？

但退一步言之，黃樹芬在上述發刊詞中的說法，其實恰好將一九二〇、一九二一、一九二二這三年的可能性都涵蓋了進去：或許，黃氏記得華僑公所是在長堤奠基年（一九二〇年）成立的，只不過將後者的確切年份誤記成了一九二二年；或許，黃氏記得華僑公所是在九月十七日公所領導受邀參與御宴的那一年（一九二一年）成立的，但卻把年份記成了一九二二年；又或許，在他的認知中，華僑公所確實是在一九二二年才正式成立，而他只不過是因為事隔多年，以致記錯了日期，搞混了奠基而已。

以上三個年份，即便有的旁證較多，有的孤證難立，其實全都缺乏一錘定音的底氣。而這點在很大程度上也可以歸因於今人對於「成立」一詞的認知有分歧之餘，又對「年份」一事有堅持。在我看來，這三年本來就可被視為柔佛華僑公所草創時期的一個過程，記述模糊實屬自然，若要將其中原委分個清楚仔細，恐怕吾輩還須繼續努力。像我自己，倒是在一九二五年十二月的《海峽時報》上讀過一篇報導，稱柔佛華僑公所召開的第七屆常年大會（the 7th Annual General Meeting）上選出一九二六年度的理事會成員。按理說常年大會一年一開，如此推算，柔佛華僑公所的年份豈不是又可上溯至一九一八年？奈何孤證不立，在更多史料出土之前，我願因循舊例，作為對歷史的一種尊重。

玖　端亞山送地

新山開埠至今近一百七十年，惟早年留下的紀念碑銘卻並不多見。其中在綿裕亭義山有一口近百年歷史的紀念碑，原本應佇立在義山舊伯公廟側，後來原址改建殯儀館，該碑移入館棚下安置，近年復遷出殯儀館，移至義山新伯公廟外草坪重立供世人瞻觀，細讀碑銘中一則饒有人情味之往事。

這口碑所講述的是端亞山先生送地予綿裕亭的經過，碑銘開頭稱「端亞山先生，希臘國人，柔佛實業大家也，有地在二條半石，與綿裕亭毗連」，端亞山者，即賽・哈山・阿末・阿拉塔斯（Syed Hasanbin Ahmad Alattas），

圖 39　新山綿裕亭義山的端亞山紀念碑

（資料來源：莫家浩攝於二〇一二年）

乃家世源於葉門海德拉毛（Hadhramaut）的阿拉伯裔商人，碑銘中的「希臘」，實為「亞臘」（Arab）的誤寫。端亞山在新山置有大量產業，在綿裕亭義山南側的地帶亦名 Wadi Hasan，意為「哈山谷」，便是昔日端亞山所持地產之一。

一九二〇年代初，柔佛華僑公所成立，開始接管新山華社公共產業的信託權，其中也包括綿裕亭義山。碑銘中提及，由於義山地段與端亞山的園地相接，大抵是為了避免對方園中飼養的牛羊越界踐踏墳墓，柔佛華僑公所便在兩地交界處拉起圍籬（「圈環鐵籬」）。豈料籬笆一立，本來默不作聲的端亞山便開口了，告知綿裕亭義山已侵佔了他的土地七英畝之多。

原來，過去人們年復一年在綿裕亭義山安葬先人，早已不知不覺葬到了端亞山的地段，而又因這些越界埋葬的墳墓「年代既遠」，仔細勘察又發現墓　交錯重疊，「壙上加壙」，很難處理，於是華僑公所便向端亞山請願，也獲得後者體諒，慷慨將涉及的地段贈送給綿裕亭義山，解決了一樁本可能變得很複雜的土地糾紛以喜劇收場。感念端亞山的善舉，華僑公所特立石碑為永遠紀念，於是便有了這口「端亞山送地碑」立在綿裕亭義山上，並留存至今日。

寫到此處，便要談談端亞山送地的年份問題了。根據「端亞山送地碑」所刻，此碑乃「柔佛華僑公所當年董事同人敬勒」，落款年份為「大中華民國十六年八月九日」（即西元一九二七年）。然而本地文史學人張英傑早在十多年前便提出了懷疑。事因在戰前中英文報章中，曾分別刊載柔佛華僑公所於一九二八年七月末及八月中，敬送「特製銅牌」或Chinese Tablet（「中文匾額」）到端亞山府上的新聞。那為何華僑公所既已於一九二七年勒石，又要拖到一九二八年再送匾呢？

在我看來，受限於史料不足，上述問題暫時無法一言即解，卻不妨從更宏觀的角度來剖析問題產生的時代背景。一九二〇年代的綿裕亭義山管理權問題的處理其實非常曲折，一九二一年華僑公所向政府申請義山管理權，一九二三年開始處理牛羊踐踏墓地等問題，與端亞山的土地糾紛應該便是由此生起。處理土地糾紛，便要處理土地擁有權問題。然而綿裕亭義山地契存在新舊信託人問題，迫使柔佛政府通過立法方式，於一九二七年訂立「直律街華人義山法令」，廢止舊信託人權利，並在一九二九年才通過憲報公佈將綿裕亭義山地段指定為華人義山之公共用途，由新山華社負責管理。

換言之，端亞山送地一事，發生於綿裕亭義山地權的重整階段，在我看來，立碑與送匾其實都是一種反復「重申」（reaffirmation）的動作，以求在地權尚不明確之際，想方設法將事情確定下來的努力。亦如碑中所言，善與人同，中外無間，即便亞臘、希臘搞不清楚，多元社會裡的互相諒解、包容和感恩，或許才是在冰冷法條之外，最終解決糾紛的力量泉源吧。

壹拾　粿條仔城市史

癸卯年杪，忽聞老同學丁父憂，從澳洲趕回來奔喪。我們小學和高中都同過班，彼此也同住一個花園，他生於新山老潮人天主教家庭，而我也有一半的新山潮人血統，又同是為食之徒，對新山的粿條仔頗見執著。

猶記得高中時候，心血來潮，由他開著老威拉，幾個吃貨繞行新山，在沒有智慧手機衛星導航的時代，尋訪大街小巷，一天內從早到晚，吃遍四、五家粿條仔，實現少年不瘋魔不成活的粿條仔巡禮。

圖 40　雨中的新山粿條仔

（資料來源：莫家浩攝於二〇二三年）

二十年過去，粿条仔在新山不減反增，租擁店面專營者不下十間，食肆檔口更不計其數，在大馬華人美食版圖上，儼然是一座粿條仔之城，且沒有之一。究其成因，或許有人會直覺地以新山昔日乃「小汕頭」，潮州人居多，潮汕飲食文化影響頗深，造就粿条仔的一地風行。然而這卻無法輕鬆解釋為何偏偏僅以粿条仔一枝獨秀，其他潮州小吃卻未能共襄盛舉，潮州菜館更加凋零的過程。

研究歷史的人，通常不滿足於靜態陳述，反而熱衷於解釋變遷。在新山粿條仔的故事裡，既有味覺的變遷，也有城市的變遷，過程一明一暗，交織成戲。一般相信，粿條仔的原型來自另一種潮汕小吃——粿雜，類似的潮式滷味，區別在於粿雜的主食是一種米制寬粉（粿片），而粿條仔則一般採用較窄身的米制麵條（粿條）。吃法方面，粿雜習慣上會將滷味及滷汁澆置在粿雜上；而粿條仔則會備置一鍋鹵水高湯，搭配燙熟的粿條，形同湯粉，而滷味則另置於小碟中作餸。

粿條仔出現在新山，目前最早可追溯至戰後初期，據說是老字型大小「阿蛋」張正和夫婦受新加坡粿雜的啟發，加上本身會製作粿條米粉，於是將兩者相結合，創造出「粿条仔」的吃法。早期的粿条仔屬於便宜地道的街頭美食，滷味裡鮮少有肉，幾乎都是內臟與豆腐雞蛋之類，但味道鹹香，又富內臟油脂，吃不飽還可以加碗粿條，嫌滷味太膩，還可以搭配特製的辣椒醬中和解膩兼提味，除非你不吃豬肉討厭內臟，否則堪稱麵面俱到無懈可擊。

由於粿条仔烹煮的門檻不高，繼阿蛋之後，新山又陸續出現一兩家粿条仔，營業方式和範圍依舊是位於市區的後巷或市場熟食攤。但很快隨著一九六〇年代新山周邊地區開始工業化。老同學蒙主恩召的父親享壽八旬，二十歲出頭便加入消防隊，據說同期的隊友都在一次次的工業區火警中殉職殆盡，唯有他活下來，四十歲便獲准榮休，領了四十年的公務員退休俸。

無論如何，新興工業區紛紛建立，外地人口開始越來越多流入新山地區工作謀生，再加上一九六〇年代末英澳駐軍撤離，造成新山市郊的「花園」住宅房地產過剩，取而代之的是原本的市區人口以及外來人口遷入其中，一九七〇年代末至八十年代初，這些花園住宅區也開始出現粿條仔攤販，即粿條仔版圖的二次擴張。一九九〇年代，立百病毒爆發，人人談豬色變，粿条仔行業裡有人開始改為主打滷鴨，竟殺出一條新路，讓原本與鴨無關的粿條仔從此多了一味；而豬鴨鹵水不同，也讓有滷鴨的粿條仔湯汁中多了一股「藥材味」，進而令粿條仔與藥材產生魂結。

然而，這些味道與食材的變化，其實進一步擴大了粿條仔的受眾人群，也降低了入行門檻，觸發粿條仔版圖的第三次擴張。而近十年來，隨著新媒體的推波助瀾，各種「必吃」、「十大」、「新山」美食介紹、探店及資訊推送，進一步強化粿條仔的在地屬性，作為地方特色美食，打卡拍照便是必須，並在新幣及外部市場的推拉效應下，開始粿條仔版圖的第四次、也是首次跨地域的觀念擴張。

身為土生土長新山人，粿条仔是童年記憶與少年瘋魔，奈何昔日的平價美食現已成金，而人近中年，三高隨行，面對鹹香油辣，欲試還休。白日夢間，倒也想學學梁山好漢，打二角好酒、切兩斤熟牛肉的豪氣。前陣冒雨覓食，碰上臨收攤的粿条仔，林沖暫歇山神廟，一杯少冰菊花，三兩內臟粉腸，兩口黑湯下肚，鹹香油辣不如過往，長歎道，卻是邊城市井滄桑。

第四章 神鬼人獸

壹　會飛的人頭

曾隨鄭和三次下西洋的中國明朝通事馬歡，在其著作《瀛涯勝覽》中的〈滿剌加國〉條目裡，出現過這樣的記述：

「其海邊水內常有龜龍傷人，其龍高三、四尺，四足，滿身鱗甲皆刺排生，龍頭嘹牙，遇人則嚙。山出黑虎，比中國黃虎略小，其毛黑色，亦有暗色花紋。黃虎亦有。內有虎為人入市混人而行，自有識者擒而殺之。如占城屍頭蠻，此處亦有。」

這裡的「滿剌加」，自然是指馬六甲。然而，在《瀛涯勝覽》的描述中，當時的馬六甲非但有龜龍泗水、虎人入市，還有名字一聽就很邪門的「占城屍頭蠻」，儼然一副妖異橫行的魔幻景觀。占城乃位於今日越南中部的昔日印度化古國，《瀛涯勝覽》中的〈占城國〉條目如下寫道：

「其曰屍頭蠻者，本是人家一婦女也，但眼無瞳，人為異。夜寢則飛頭去，食人家小兒糞尖，其兒被妖氣侵腹必死。飛頭回合其體，則如舊。若知而候頭飛去時，移體別處，回不能合則死。於人家若有此婦不報官，除殺者，罪及一家。」

將屍頭蠻的樣貌、特徵、習性，乃至社會關係都描寫得如此形象生動的，馬歡並非歷史第一人。其職場前輩、同樣曾在鄭和船隊擔任通譯的費信，在其著作《星槎勝覽》的〈占城國〉條目中已有提及屍頭蠻：

「相傳屍頭蠻者，本是婦人也，但無瞳，人為異。其婦與家人同寢，夜深飛頭而去，食人糞尖，飛回復合其體，仍活如舊。若知而封固其項，或移體別處，則死矣。如有病者遇食其糞，妖氣入腹，病者必死。此婦人亦罕有者，民家有而不報官者，罪及一家。」

顯而易見，費信與馬歡兩人對於屍頭蠻的描述幾近雷同，說白了就是平時看起來與常人無異，半夜頭會飛出去吸人屁股的女性，吸完再飛回來與身軀合體，如果身體被移動了，或頭部被遮蔽了，頭接不回去，屍頭蠻就會死翹翹。而在占城一帶，包庇飛頭蠻、知情不報可是條罪名。

再往前推，費信與馬歡也都不是最早談及此物的。中國元代的汪大淵在其著作《島夷志略》的〈賓童龍〉條目中就已述及屍頭蠻，詳細程度也不亞於前兩者：

「其屍頭蠻女子害人甚於占城，故民多廟事而血祭之，蠻亦父母胎生，與女子不異，特眼中無瞳人，遇夜則飛頭食人糞尖。頭飛去，若人以紙或布掩其項，則頭歸不接而死。凡人居其地，大便後必用水淨浣，否則蠻食其糞，即逐臭與人同睡。倘有所犯，則腸肚皆為所食，精神盡為所奪而死矣。」

賓童龍是占城的屬國，位於占城以南，《星槎勝覽》的〈賓童龍〉條目中也提到當地的屍頭蠻「痹患城害之尤甚，民多置廟，牲血祭之求禳」，與《島夷志略》「民多廟事而血祭之」的說法很是接近。

在中國古籍中，類似屍頭蠻這樣、半夜頭會飛的怪異記載其實還不少，且年代更為久遠。其中最有名氣的當屬晉代干寶《搜神記》中的「落頭民」典故：話說秦時南方有落頭民，又名「蟲落」，其頭能飛。東吳的將領朱恒有一婢女，半夜時，雙耳會撲哧撲哧，整顆頭飛出屋外，黎明前夕才回來，如果將她的身體用被蓋起，等頭飛回來時找不到頸項對接，就會一命嗚呼雲云。宋代的《太平廣記》也有〈飛頭獠〉條目，其曰「嶺南溪洞中，往往有飛頭者……其人及夜，狀如病，頭忽離身而去。乃於岸泥，尋蟹蚓之類食之，將曉飛還」；又說在闍婆國（即今天的爪哇或蘇門答臘）中也有飛頭者，其人無目瞳子。在明代朗瑛的《七修類稿》中，還提到元代詩人陳孚出使安南（即今天的越南），曾著詩曰當地土人「有頭能夜飛於海食魚，曉復歸身者」；在另一本今已失傳的《贏蟲集》古書中，則記載「老撾國」人也能「頭飛食魚」。

看來，從中印半島到印尼群島，會飛的人頭可說是風行古代東南亞。而這些怪談，或許並非僅僅是中國文人墨客的怪力亂神。即便未接觸過這些古籍，東南亞民間也早就流傳著情節類似的傳說，在馬來西亞、新加坡、汶萊等地有 Penanggal，在菲律賓有 Manananggal，在印尼有 Penanggalan、

Leyak、Kuyang，在泰國有Krasue，在寮國有Kasu，在柬埔寨有Ahp，在越南有Malai等等，它們雖然名稱各異，但絕大多數都被描述為夜裡頭會飛離身體去覓食的女性。

十九世紀初，文西阿都拉在馬六甲給米憐牧師（Rev．William Milne）的小孩當家教，就曾應米憐之請，講述過當時馬來社會流傳的飛頭鬼（penanggalan）傳說，並刊載在米憐主編的《印中搜聞》（TheIndo-Chinese Gleaner）季刊，以及文西阿都拉日後撰寫的自傳裡，為後世留下關於馬新一帶飛頭鬼傳說的經典模本：故事中，飛頭鬼原是修鍊飛頭邪術的女子，每當欲吸食孕婦之血，她便讓自己的頭顱拖著內臟一同飛離軀體，深夜潛入民家覓食，被她吸過血的人必死，即便只是碰到從飛頭鬼處滴落的血水的人都重病不起。為了預防飛頭鬼作祟，尤其是家有孕婦的人，會在門窗下吊掛有刺的老鼠簕葉（Daun Jeruju）。孕婦臨盆時，人們也會在周遭擺放些有刺的物件。

當初聽聞並講述這故事的文西阿都拉，自己是嗤之以鼻，全然不信世上有飛頭鬼這玩意。然而與此一經典模本雷同的飛頭鬼傳說與形象，其實早已深入民心，今日仍膾炙人口，更有者深信不疑如故，每當凝視夜空，心中便浮現出那自古以來便被妖異化的邪惡女人頭顱。

貳　飛龍繞樹

除了有會飛的人頭，《瀛涯勝覽》還提到古代馬六甲另一種奇異生物——龜龍。書中的〈滿刺加國〉條目裡這樣寫道：

「其海邊水內常有龜龍傷人，其龍高三、四尺，四足，滿身鱗甲皆刺排生，龍頭嘹牙，遇人則嚙。」

心細的讀者，此時若將龜龍的特徵放在心中比劃，想必已猜出端倪。許雲樵曾就此考證，他發現在《瀛涯勝覽》的傳世版本中，其中有一版的寫法並非「龜龍」，而是「鼉龍」。鼉是個古字，《詩經．大雅．靈台》裡有一句「鼉鼓逢逢」，形容鼉皮做的鼓敲起來嘭嘭作響；《西遊記》中也有一位鼉龍，是西海龍王的外甥，佔據黑水河，想吃唐僧肉。撇開神話因素，所謂鼉或鼉龍，說到底便是現實中的鱷魚。或許是《瀛涯勝覽》在歷代傳抄過程中曾誤將「鼉」抄作「龜」，才誤打誤撞，留下了滿剌加有「龜龍」的記載。

玩過傳話遊戲的朋友應該明白，口耳相傳的過程往往會造成嚴重的內容失真，甚至徹底改頭換面。即便在歷史文獻記錄上，類似的現象也極為普遍。在《瀛涯勝覽》之後的其他明朝文獻中，也有將龜龍抄成「龍龜」的。到了成書更晚的張燮《東西洋考》中的《馬六甲》（沒錯，此時已不叫滿剌加）條目也提到了龜龍，內容與《瀛涯勝覽》相似，但稱住在海邊的人都怕它，且被它咬到的人都會當場死掉，紙面上的威力似乎還略勝於《瀛涯勝覽》的龜龍。

這些與龜龍有關的明代文獻中，最絕的當屬明代的《坤輿萬國全圖》，這一份由義大利傳教士利瑪竇及明朝官員李之藻合作刊刻、集合當時東西方世界地理知識結晶的世界地圖裡，在馬來半島一側有批註曰：「滿刺加地常有飛龍繞樹，龍身不過四五尺，人常射之。」看來此時的龜龍已進化成飛龍，還學會了爬樹，既會飛又會上樹，人們也只能鍥而不捨地射它，也蠻合乎邏輯的。

然而眾所周知，鱷魚既不會飛，估計也很難爬樹。《坤輿萬國全圖》的批注，可能又是一次歷史傳話遊戲中的誤讀。但滿刺加有鱷魚這件事情倒很難是馬歡道聽途說、甚至憑空捏造的產物。昔日的馬六甲海峽，海岸綫有綿延的沼澤紅樹林，而在海水淡水交匯的各處河口，是鱷魚的天然樂土。時至今日，即便我們的海岸線被過度開發污染，紅樹林朝不保夕，野生鱷魚也淪為瀕危物種，然而河邊或海邊有鱷魚出沒的新聞，亦從不罕見。甚至最近我

圖 41　太平馬登的蘇拿督廟內觀
（資料來源：莫家浩攝於二〇二一年）

國水災災情嚴重，還不時傳出有鱷魚隨著水勢，在災區出沒走動的新聞報導。

無論是龜龍還是飛龍，當被驗明真身的當兒，似乎也沒有什麼好詫異的了。不過，與鱷魚相關的怪異傳說，在我們的歷史日常生活中倒是不勝枚舉。在砂勝越有不少著名的巨鱷，本地文史學人李永球在其著作《專吃華人的鱷魚》一書中，則提到了太平馬登（Matang）的蘇拿督。這兩者的共同點在於都提到人死後，化身鱷魚肆虐、危害人間的傳說。如果這些傳說的源頭，有部分出自人們對鱷魚傷人噬人的恐懼，那麼馬歡的記載，或許也可以被視為這片土地上流傳的各種鱷魚傳說與信仰的歷史註腳吧。

參　虎人入市

關於古代馬六甲第三種奇異生物——虎人，五百多年前的馬歡是這麼描述的：

「（滿剌加國）山出黑虎，比中國黃虎略小，其毛黑色，亦有暗色花紋。黃虎亦有。內有虎為人入市混人而行，自有識者擒而殺之。」

在馬歡筆下，古代馬六甲的山林中有黑虎出沒，並且進一步描述其具有黑色的毛皮及暗色花紋等特徵。然而天然便長著一身黑毛的老虎，除了神話與小說外，似乎並不存在與古今自然界中。但即便自然界沒有黑虎存在的證據，作為老虎的近親——豹子，卻會因隱性基因顯化而產生黑豹，其外貌特徵也恰好契合所謂「其毛黑色，亦有暗色花紋」的描述。

事實上，黑豹在世界其他地方一般很罕見，唯獨在馬來半島叢林裡卻不知為何特別多。在馬來語中，黑豹即 Harimau Kumbang，在詞意中也被歸類為一種 Harimau（虎）。因此我們有理由相信馬歡所說的「黑虎」若確有其事，則很可能便是馬來半島的黑豹。至於當時滿剌加國「亦有」的「黃虎」，大概便是如今馬來西亞國徽上也具備的那一對馬來亞虎（Harimau Belang）了。

但無論黑虎黃虎，其實都只能算前菜。真正來勁的，是後面那一段「內有虎為人入市混人而行，自有識者擒而殺之」的匪夷所思：在滿剌加國內，有老虎化作人；它會混入市集人群之中，如果被能人識穿其真面目，它就會被抓起來，然後殺掉！

在馬來民間傳說中，有一種與馬歡記述的「虎人」貌似相關的怪異存在——「虎精」（Hantu Belian）。Belian 一詞，在馬來語中也有「巫師」、「巫醫」、「通靈人」的涵義，而虎精有時會以鳥的形態出現，被視為是馬來巫師可以與之溝通、使喚的精怪。而同樣在馬來民間傳說中，平常人如果被虎精附身的話，將會突然陷入無差別殺人的精神癲狂狀態，至死方休。

沒錯，上述精神癲狂狀態，就是在馬來世界可謂家喻戶曉的「著魔」（Amok）。換句話說，虎精附身，便是對著魔狀態（Mengamok）成因的超自然解釋。明白這一切後，不妨試聯想，倘若馬歡記述的「有虎為人」，其實是在指有人被虎精附身——即陷入著魔狀態的話，它一旦走進了市集裡被發現後，為了盡可能降低傷亡，當然要立刻將之揪出來「擒而殺之」了。換句話說，馬歡或許才是世界上已知最早為 Amok 此一現象，留下文字描述的人，比起庫克船長（Captain James Cook）關於 Amok 的記錄，還要早上三百年。

讀馬歡的文字，當年鄭和船隊途徑的馬六甲，顯然是一處有著各種奇異事物的地方，這種印象自然也影響了日後其他中國文人的傳抄與臆造。迨至明朝末年，馬六甲的怪異又出現了變化。在明末何喬遠的《名山藏》中如是寫道：

「佛郎機，黠夷也，貓睛鷹嘴，拳發赤須，而貌皆白，屬干系臘國。行賈無所不至，至則謀襲其國人。滿剌加海有龍龜，高四尺，四足，有鱗甲，露長牙，啮人立死；山有黑虎，或變人形，入市殺人，合佛郎機為三害云。」

文中取代了屍頭蠻的「佛朗機」，是當時中國人對葡萄牙人的稱呼。明朝末年，馬六甲城早已被葡萄牙人佔據，繼續北上的葡萄牙人，也與大明朝在中國東南沿海有過不太愉快的互動經驗。將葡萄牙人描繪成「貓睛鷹嘴，拳發赤須，而貌皆白」的異樣「黠夷」，更與龍龜、黑虎並列為滿剌加三害，除了印證「人比鬼可怕」的俗話，也不難看出大明朝世界觀對於非我族類及王土之外的看法與評價，以及其中的變與不變所在。

肆　咖啡、老虎、鬼

「那是村裡某戶人家嫁女兒的前夜，姑娘們前去幫忙，途徑一棵榴槤樹下，帶頭的愛莎提醒其他女孩要放輕腳步，因為此處原是某人的墳墓。眾人不解，於是便隨愛莎坐在椰樹幹上，聽她娓娓道來……

話說在如今枝葉繁茂的咖啡樹尚未長成的從前，這山裡住著一位綽號『老虎』的白人（Sinna Dorai，淡米爾語，意為『小主子』，舊時亦慣指園丘經理），他手下有兩名印度僕工——鴨拿和馬西蒙。

馬西蒙不僅是酸柑水的調製達人，也是位撩妹高手，將我們的祖母帕帝瑪撩得不要不要的，村裡的馬來小夥們看在眼裡，更是滿肚子火。話說那年頭，從丹娜美拉（Tanah Merah）渡來的馬來人在邊佳蘭種碩莪（sago），賺得盆滿缽滿，豈可讓此等門不當戶不對的『吉靈』男孩撩走自家的閨女？於是大夥竊竊私議：最好讓老虎吃了他！終於，村裡的男人按捺不住，憑著一件虎皮，夜裡埋伏在回到園丘大屋必經之路旁，準備給馬西蒙好看！

是夜，白人養的狗兒彷彿有所感，躁動不安。白人眉頭一皺，放下煙鬥，拎起火槍，帶著狗兒出門散步。他們穿過兩側皆是棕櫚樹的小徑，行至村外的叢林，狗狗忽然發足狂奔，併發出狼嚎一般的嘶吼。白人趕緊追上，卻在草木之間依稀見到一隻瘦骨嶙峋的惡虎身影若隱若現。須臾，林中傳來淒厲的慘叫，一把鋒利的匕首取代了虎爪，深深地刺入獵物的頸部。出乎意料的是，此時癱倒在樹下的並非馬西蒙，而是路過的鴨拿。遭遇無妄之災的鴨拿，被眾人就地掩埋。從此，每逢明月高掛，人們便會睹見一頭碩大的虎鬼，在這棵榴槤樹下不停不停兜轉……」

以上是一則刊載於一八九七年新加坡英文報章《自由西報》（The Singapore Free Pressand Mercantile Advertiser）、來自筆名「淘氣太太」（Naughtybini）的讀者投稿，原標題為《邊佳蘭述異》（The Weird of Pengerang），是傳世文獻中最早一篇關於邊佳蘭地區的靈異傳說。然而細讀推敲后便不難看出，這鬼故事背後，其實是一起披著靈異虎皮的驚悚兇殺案情。相隔上百年，其故事的真偽固然難考，然而究其歷史背景，卻甚值一談。

一八九〇年代是邊佳蘭咖啡種植興旺的時期，而上述故事所述的凶殺案被設定為當地咖啡種植初興之時，按史實推算，應是一八八〇年代初的事情。

當時邊佳蘭咖啡園（Pengerang Estate）由馬來亞咖啡及橡膠種植先驅、愛爾蘭人倍利（W．W．Bailey）所開闢，因此故事中將園丘經理設定為白人，園丘工人為印度人，甚能與史實相呼應。

至於故事中所謂從新加坡丹娜美拉移殖邊佳蘭的馬來人，在此種植碩莪致富的橋段，可以對應到十九世紀末從新加坡遷移到邊佳蘭沿海墾殖的爪哇裔（Javanese）先民。昔日邊佳蘭山東南方的頭灣，其馬來地名 Kampung Jawa（意即「爪哇村」），早在一八九〇年代便已出現在柔佛地圖上，亦可作為一證。而倍利的邊佳蘭咖啡園，也確實曾併購與其接壤的碩莪園（Sago Estate），這又進一步與碩莪種植的情節搭上了邊。

歷史上，倍利所經營的邊佳蘭園，是馬來半島最早成功栽培利比裡亞品種（Liberica）咖啡樹並取得收成的地方，但此後又基於種種因素，終在一八九九年收盤出售，幾經轉手，最終於一九〇六年由日本三五公司購入該園地並改種橡膠，成為日本人在馬來亞從事大規模橡膠種植的先驅佼佼者。

猶記得當初在邊佳蘭踏查時，曾聽頭灣的貴合叔說過，頭灣內陸那座不太起眼的小丘，當地華人俗稱「咖啡山」。如今細想，這或許便是十九世紀末咖啡種植最後的記憶遺留，惟如今也隨著政府徵地遷村而灰飛煙滅。比起消逝的咖啡、村落、老人、記憶，歷史更像是月影下縈繞的虎鬼，午夜夢縈，不棄不離。

伍　山君駕到

在馬來西亞這個以老虎為國徽的赤道國度裡，但凡涉及開芭拓墾的歷史，往往都離不開「虎患」此一元素。既然十九世紀末的邊佳蘭有「虎鬼」之說，那不如讓我們時光回溯，尋覓當時當地是否真有虎蹤，以致「虎影幢幢」？

一八八九年九月，《自由西報》先後刊登了兩則邊佳蘭虎患的新聞。首先是在該年八月末，光天化日之下，三名馬來人在邊佳蘭咖啡園旁的森林伐收藤條時，突然遭遇虎襲，其中一人暫態被拖入林中。其同伴踉蹌逃回甘榜，召集眾人進去山芭裡搜救，最終也只能在森林裡的池塘邊上，找到一些殘碎的人類肢體而已。

就在老虎噬人慘劇發生後不久，一八八九年九月中旬，《自由西報》又刊登了關於邊佳蘭虎患的跟進報導，裡頭談及當地沿海一帶馬來村民無不人心惶惶，直指近來當地老虎出沒數量倍增，咖啡園裡的割草工人白天都只敢集體結伴勞作。到了夜裡，老虎還會光明正大踏進村子把狗叼走，以致夜幕降臨之後，人皆緊鎖門窗，不敢外出。當地一位馬來老者更言之鑿鑿，說此間山君肆虐，皆因知曉柔佛蘇丹此時正在遊歷歐洲，國中無主，方敢趁機作祟也！

姑且不論山中的老虎是否真能知道蘇丹的動向，柔佛蘇丹遊歷歐洲倒是確有其事。一八八九年八月中旬，蘇丹阿武峇加自新加坡乘輪船啟程前往歐洲，以觀光兼養病為由，實則開展宮廷外交，為抗衡海峽殖民地政府對柔佛事務的干預，累積政治資本。來自馬來世界的蘇丹親自訪歐乃當時一大罕事，加上蘇丹一去經年，不僅報章常有跟進報導其形成近況，就連偏遠鄉村的馬來老者都能第一時間表示關注，其風潮可見一斑。

除了馬來同胞的視角，昔日華人在邊佳蘭，也對老虎多有體會。馬來西亞作家馬崙曾在《新馬山巒的故事》中轉述過邊佳蘭養豬人家常備有銅鑼，一旦半夜豬圈有異響，便可立即敲鑼驅虎的地方軼事；頭灣的培玉伯從前也曾向我說過他一九三〇年代末的童年記憶：他與父親在頭灣海邊，遠遠瞧見沙灘上出現一隻追野豬追到忘我的老虎，他父親當下沒反應過來呆立在原地，卻驚見老虎一轉身，朝著自己直奔，當即舉起扁擔一砸，正中虎頭，目送山君逃之夭夭。武松父子一愣，方才細思恐極。

新加坡作家流軍，兒時在邊佳蘭長大，回憶日據時期一家人在邊佳蘭深山裡耕作生活的經歷，說半夜老虎會在屋子外牆磨爪，家裡的狗兒年少氣盛，衝出家門一探究竟，立馬便成了老虎的宵夜；四灣的老朋友無牙憨，回憶

圖 42　邊佳蘭三灣嶼仔頂的虎爺
（資料來源：莫家浩攝於二〇一二年）

一九七〇年代的自己年少家貧，常一大清早獨自走進椰園撿椰子出去賣，賴以補貼家用。那一天他撿著撿著，忽然嗅到叢林中飄來一股罕見的野獸騷味。納悶之際，陪著他的狗兒一聲吠，徑直衝入前方不遠的林子，旋即唧吱一聲，狗不復返。

前些年，馬來西亞政府高官曾疾呼，若不立即採取特別策略保護野生馬來虎，後者恐怕將在未來五至十年內絕種。待到森林裡不再有虎蹤，上述既現實又魔幻的鄉野往事，也終將化作虛無縹緲的奇談吧。

陸　見虎燒香

在馬來半島華人民間信仰中，關於拜虎這件事，最常見的莫過於虎爺崇拜。在邊佳蘭地區，亦不難見到有供奉虎爺的大小神廟神壇，然而，對於虎爺的祭祀，或是像「驚蟄打小人」這類的儀式，在邊佳蘭並不流行；而邊佳蘭的諸華人廟宇裡雖然大都也有供奉虎爺，但這些虎爺也似乎與當地大量的老虎故事並無明顯聯繫。我猜，這或許是由於虎爺信仰傳入當地的歷史並不長，也未深入民心的緣故所致。

在邊佳蘭，同樣貌似與虎沾邊的，還有當地華人口中所昵稱的「虎山娘

圖 43 邊佳蘭頭灣護福廟神誕醮棚中的虎爺
（資料來源：莫家浩攝於二〇一三年）

娘」。所謂虎山娘娘，特指四灣的虎頭山（Bukit Raja）山腳下的山福寺裡供奉的主神南海觀音。不過，這尊南海觀音及其廟宇雖然也有其專屬的傳奇故事，卻基本與老虎扯不上關係；至於虎頭山，我在當地踏查時，確有聽聞這座濱海的小山丘曾有老虎出沒。然而我卻更傾向於相信，此山名典故，乃源於其山形狀若虎頭罷了。反倒是虎頭山的馬來語地名解釋起來格外有意思：bukit 為丘，raja 為王，王者之丘，恰巧與華人將老虎視為山中之王的觀念，遙相呼應。

話說回來，邊佳蘭山腳下的泰山宮，倒是真與老虎信仰有點關係了。據信，泰山宮建於二十世紀初，廟牆上的一幅壁畫，題款年份為「宣統二年」，即西元一九一〇年，若此物為真，此廟距今也得有上百年歷史。泰山宮主祀的神明，當地人稱作「大士老爺」，由於名稱相仿，常被認作是華人社會舉辦中元普渡時常見的「鬼王」大士爺；在當地流傳的大士老爺神蹟，卻有明顯的老虎元素，與一般的大士爺信仰很不一樣。一九八〇年代前刊於馬來西亞《星洲日報》一篇署名「龍影」（實即服務于邊佳蘭教育界多年顏英傑校長）的地方通訊稿中，記述了一則有關邊佳蘭泰山宮「三腳白虎」的傳說：

「有一次，邊佳蘭園丘的日本經理宣佈要把泰山宮拆掉，他的家門口突然出現了三隻三腳白虎，嚇得該經理即刻放棄拆廟念頭……」

傳說雖短，卻精準地涉及當地曾有日本園丘的史實背景，更引人注目的是所謂「三腳白虎」的說法。在華人社會的傳統信仰文化裡，老虎常常被隱晦地稱為「伯公馬」，除了敬畏虎威而不敢直呼其名外，也有將老虎視為山神土地伯公的座駕、手下、神使之意涵。而下一節將提到的洪仙大帝信仰，除了一般被認為與克制虎患、庇護人們開墾山林有關外，其神話的最初原型便是三腳白虎顯靈。

圖 44　邊佳蘭泰山宮大士老爺金身
（資料來源：莫家浩攝於二〇一六年）

圖 45　邊佳蘭泰山宮內殿

（資料來源：莫家浩攝於二〇一三年）

在邊佳蘭土生土長的秀珠姨是泰山宮大士老爺的虔誠信徒，我聽她說過一宗逸聞：話說在二戰結束後的四、五十年代吧，邊佳蘭村家家戶戶接連發生狗兒失蹤事件，村民開始懷疑是否是老虎下山叼狗，甚至請了數名獵戶出手，都遍尋不得虎蹤，而狗兒仍舊不斷消失，人心不禁惶惶。直到某天，住在村街外的某位乩童忽然開示，說這是大士老爺手下的老虎在給大家發提醒——原來是今年神誕的供品拜少了！村民信眾恍然，補足了供品，自此太平。

因此我認為，泰山宮的傳說裡出現三腳白虎，固然可能受到洪仙大帝傳說的影響，其更深層的文化結構，則暗示了泰山宮大士老爺與山神信仰之間的某種聯繫。若是如此，泰山宮與老虎的關係，便呼之欲出了。

柒　洪仙傳說

洪仙大帝信仰流行於柔佛已逾百年，其崇拜很可能源於新加坡，在淡濱尼（Tampines）曾有順興古廟，後來併入淡濱尼聯合宮，至今仍保留著一副咸豐元年（西元一八五一年）的匾額，上書「洪仙大帝」，由饒平縣仙洲鄉弟子陳恆豐敬送；亦有一具光緒九年（西元一八八三年）的石香爐，由詔安順興眾弟子敬送。順興古廟的「洪仙大帝」牌匾，不僅是目前已知關於洪仙大帝最古老的文物，同時也是「洪仙大帝」此一神明名諱的最早記錄。

如前所述，從金石文物史料出發，目前關於洪仙大帝的起源，大抵僅能

圖 46　安奉於淡濱尼聯合宮的順興古廟洪仙大帝

（資料來源：莫家浩攝於二〇一二年）

追至新加坡，換言之，洪仙大帝極有可能是孕育自新馬華人社會的本土神明。根據安煥然及其學生蕭開富合著的論文〈新馬洪仙大帝信仰的歷史與現狀〉考證，新馬一帶的洪仙大帝信仰，常常與地方上的虎患傳說相關，由此呼應洪仙大帝信仰與鎮壓虎患兩者的關係；至於此種關係是如何被建構的，我覺得倒可從流傳於本地的幾則洪仙大帝起源傳說一探玄機。

目前已知最早記載洪仙大帝起源傳說，乃新加坡已故學人邱新民在一九七九年寫就的《洪仙公來歷》。故事大概是說在十九世紀中期的新加坡，有隻常現身於人前，卻從不吃人的白虎，因被獵人設的陷阱所傷，憤而咬死獵人，卻被臨死前的獵人斬斷一直後腿。之後，白虎幻化為紅臉白須白袍老者，來到一名樵夫跟前，請求對方協助包紮傷處，工人察覺其真身乃老虎，本想一斧頭了結對方，卻憑好生之德，依舊不動聲色替其治療。當晚樵夫夢見老者，向他道謝療傷與不殺之恩，並稱自己掌管著老虎，准老虎吃該吃之人，如今誤踩陷阱受傷，又誤殺無辜，陽壽已盡，升天成仙，請樵夫三天之後到其窩中替他焚化其遺體，並立石龕神位，保境平安。樵夫與同伴去到該處，果真見著三腳白虎，於是奉其為神虎火化，依言築立神龕供奉，尊稱神虎為洪仙，此即洪仙大帝傳說的由來。

一九九七年出版的《柔佛古廟專輯》中，本地資深記者黃建成引用了一本名為《星馬民曆》的書中記載，撰文講述洪仙大帝的來歷，與邱新民的版本可說截然不同，稱洪仙公原是廣東大埔人氏，姓洪，聰慧習武，在地主家教拳兼鳩收田租，為人善良俠義，有次在收數途中，夢見一身穿黑紋黃底衣的跛腳老漢告訴他實乃伏虎羅漢出世，夢醒後，洪氏又在山路上遇上三腳老虎，頓然醒悟，遂騎上虎背成仙；時至二〇〇一年，淡濱尼聯合宮晉宮十周年紀念刊又刊載了另一版本的順興古廟洪仙大帝傳說，稱在早期淡濱尼有位樵夫上山砍柴遇到老虎，樵夫向老虎求饒，許諾買個豬頭給他吃，老虎聽罷

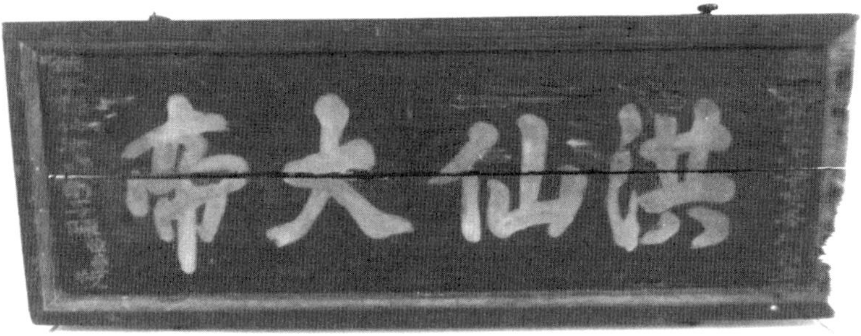

圖 47 順興古廟的咸豐元年洪仙大帝匾

（資料來源：莫家浩攝於二〇一二年）

邊走到山下一棵芒果樹下等待，結果其他村民見到老虎，打傷其後腳，老虎遁入山中，等樵夫買了豬頭回來不見老虎，得知緣故後，重信義的他將豬頭帶入山中尋虎，遂在山中修道，幾年後村民見到一位神明騎著三腳老虎出現在那棵芒果樹前，自稱洪仙大帝，村民因此在芒果樹前立廟崇拜之。

比較上述三種傳說版本，可見裡頭的人類有不同身份，包括受害者、加害者、施恩者、報恩者、神人與凡人等等，但老虎的形象卻一律具備靈性和神性。且這些老虎都先後呈現三腳姿態，象徵著受傷狀態。根據老虎習性，正常的老虎一般會遠離人類，但傷病的老虎為了自衛或饑不擇食，特別具有攻擊性，因此對人類而言格外危險。在我看來，洪仙大帝信仰的原型，很可能源自星馬華人先民對於負傷山君——三腳虎的敬畏之心，也有可能部分來自於人類對自身設置陷阱、獵殺老虎所積累的不安感，作為代償所進行的祭祀行為。正如瘟疫與王爺信仰的關係，人們會通過拜祭具象化的災厄以求趨吉避凶，洪仙大帝之所以能鎮壓虎患，或許皆因其原型即是虎患本身，是源自於先民本土拓荒經驗的恐懼與不安記憶吧！

捌　功德祠與盛明利

馬六甲市郊峇株安南的功德祠，主祀大伯公，廟身規模不大，猛一看不起眼，卻有著逾一百七十年歷史，且憑古鐘石爐為證。二〇二二年，我與幾位學人朋友兩度尋訪至此，除了瞻仰百年大伯公的香火，也為了尋訪功德祠另一件年代久遠，卻鮮少被問津的歷史文物。

在功德祠廟埕前有一塊石碑，碑面上部抬頭刻有「廣東公司」四字，右側起始則刻曰「義塚題緣開列」，根據碑銘記載，此碑立於咸豐三年夏月，即西元一八五三年的五月下旬至八月中旬之際。這塊《廣東公司義塚題緣碑》

圖 48｜馬六甲呇株安南功德祠的《廣東公司義塚題緣碑》

（資料來源：莫家浩攝於二〇二二年）

碑刻雖有上漆，然仍有字跡模糊難辨之處。幾番努力后，終於解讀出碑記，抄錄如下：

尝思天寶物華，表表其中，鍾嶽英靈挺生，人文四境祥寧，藉乎神庇，貽謀克昌，展其陵宇，玆我廣東闔省人民遊斯南方，皆備舉而善置，瞻仰峇安南大伯公，廟貌崇峩，制更而上下皆宜，啟覌來龍，雄勢泰岱，可結牛眠，形分九曜，度地定基，于是捐資修理義塚，爰告同人，安愈求安，得其尽善尽美，敢云川岳毓秀，富贵可期，幽贊三才，明庇萬姓，人傑地灵，脈脈振懋，預卜其昌，謹以為序。

由此看來，此碑應當立於峇安南大伯公廟（即如今的功德祠）建廟之後；又因功德祠古鐘為咸豐二年仲冬（西元一八五二年十二月中旬至一八五三年一月上旬）所立，確實比《廣東公司義塚題緣碑》立碑年份尚早幾個月，從而印證了碑文的敘述。碑文續而描述此處風水地形，適合「修陳義塚」。若結合碑銘的標題及大量人名和捐款金額記錄，應可確信此碑是由當時當地的「廣東闔省人民」組成之「廣東公司」，以在峇安南大伯公廟址附近修建義塚為由，進行募捐籌款，並為此立碑紀念。這裡所謂「義塚」大致有兩種可能：一是供大眾埋葬先人的義山，二是作為集體埋葬、遷葬或象徵性紀念的總墳。然而在今天功德祠周圍，並無發現任何義山或總墳，嘗試詢問當地人之後才知道，原來在廟旁曾有一座「廣東公司義塚」，就常見墳墓那麼大，後來遷到了馬六甲三寶山。如此看來，這裏的「廣東公司義塚」很可能屬於第二種情況的象徵性紀念、進行集體祭祀的總墳。

進一步細讀此碑，捐款人名當中赫然出現「甲必丹盛明利題銀拾太元」的記錄。依照通說，盛明利生於中國廣東省惠州城，一八五〇年南來馬六甲謀生，一八五八年前往森美蘭（Negeri Sembilan）的雙溪芙蓉（Sungai Ujong）參與錫礦開發，而後被封為當地華人甲必丹，一八六一年捲入錫礦械鬥戰敗身死。在民間傳說中，盛明利死後顯靈，並庇佑葉亞來贏得雪蘭莪內戰（Selangor Civil War），其神蹟使他成為如今全國各地仙四師爺廟宇所敬奉的神明。作為凡人的盛明利，留下的金石文物並不多，其中一處便是馬六甲三多廟保存的《三多堂擴建捐緣碑》，立於咸豐七年（西元一八五七年）。此碑下闕有副題曰「芙蓉爐骨捐題銀芳名」，應為來自芙蓉方面的捐款記錄，其中盛明利捐十六元，位居榜首。

如今重新發現《廣東公司義塚題緣碑》的意義，並不僅僅是為盛明利事蹟再填一筆註腳而已。因為在《三多堂擴建捐緣碑》中，其實並未註明盛明利乃甲必丹，相信這也是昔日通說中對於盛氏乃於一八五八年前往芙蓉之後，方才成為甲必丹的側證之一；然若根據《廣東公司義塚題緣碑》的立碑年份，則盛明利顯然至少在一八五三年已然成為甲必丹。如此一來便與通說產生矛盾，並由此引發一系列新疑竇：例如，莫非盛氏在一八五三年便已抵達芙蓉並成為華人礦工領袖？還是說，一八五三年的盛明利，其實曾在別處擔任過甲必丹？此處的「廣東公司」及大伯公廟，又與盛明利有何關係？顯然，面對新史料，箇中歷史也勢必需要重新斟酌。

玖　英魂顯靈

在華人傳統民間信仰裡，無主孤魂是一種不確定因素，若不能迴避，也要畢恭畢敬地普渡，以免惹禍上身。因此每逢農曆七月，便有許多針對「鬼月」的避忌，但這又反過來又挑起人們的求知欲，此時靈異故事便格外有市場。惟較少人會注意到，其實在一些條件滿足下，鬼魂其實也可以轉化成神，而這種過程未必要發生在古代中國，即便在近現代的馬來半島也能找到。以下要談的盛明利英魂成神傳說，便是一例。

前文簡單介紹過盛明利的生平，包括他在十九世紀中期從惠州下南洋，

圖 49　芙蓉亞沙千古廟的盛明利神位碑

（資料來源：莫家浩攝於二〇二三年）

在森美蘭芙蓉一帶投入錫礦開發並成為甲必丹，一八六一年捲入當地械鬥戰死。根據一些流傳下來的傳說，有指盛明利是在率隊撤退時遇上敵方而被擒住斬首的，也有指盛明利是在河邊洗臉時被敵人從背後偷襲斬首的。兩種版本中，斬首都是共同點，且都被描述在斬首當下流出了白血。流淌白血的元素，不禁讓人想起前面提過的瑪素麗傳說：在馬來文化的認知中，白血象徵了純潔無辜。而在華人文化當中，無頭將軍的形象，又很容易讓人聯想到《三國演義》裡戰敗被擒斬首的關雲長，死後其剛烈冤魂作祟，整死了好幾位害死他的三國名人，之後才漸漸成了神。

顯然，斬首與白血雖凸顯盛明利之壯烈含冤，卻仍不足以令他成神。傳說的下一步便要由葉亞來登場。相傳這位吉隆坡的開拓者曾是盛明利的得力幹將，在獲知盛明利身死後，協助收殮其遺體下葬，在芙蓉的加欖母地方立廟祭祀，尊稱仙師爺。之後仙師爺開始展露神蹟，先是托夢葉亞來，要助他遠征吉隆坡。於是葉亞來率眾開始征途，在沙叻秀（Salak Selatan）遭遇困難，決戰前葉亞來返回加欖母拜請仙師爺指點機宜，結果夜裡又夢到仙師爺指點他立即背負其香火出陣，並要他命令手下找來黑狗血以破敵人降頭術，結果當然是葉亞來大獲全勝。戰後的一八六四年，葉亞來回到芙蓉迎接仙師爺香火赴吉隆坡，此處便是吉隆坡仙四師爺廟的肇始。

關於盛明利成神的傳說，臺灣學者李豐楙認為這是本地華人「王化仿效」的結果：首先，盛明利屬於非正常死亡，隨後流傳了不少聖蹟，但關鍵還是得將他入廟奉祀，「遵循儒家祭法而擬似功烈之神」；而在同鄉同黨認知中，盛明利壯烈犧牲，有功於社群，也自然是要入廟奉祀進而成神的。況且海外華人不受中國王朝祭祀禮制之限，神化創造的門檻相對低，像盛明利——仙師爺信仰在馬來亞獨立前後的發展，在李院士看來，便是本地「華人宗教」意識的展現。

圖 50 ｜ 吉隆坡仙四師爺廟裡的葉亞來光緒九年敬酬匾

（資料來源：莫家浩攝於二〇二三年）

在我看來，與很多傳說故事相似，盛明利的成神傳說也天然地與歷史記載有許多兜不攏的部分，這裡不是在說托夢是否屬實、黑狗血能否克降頭之類的寰宇搜奇檔案，而是說葉亞來陷入雪蘭莪內戰的時間點，明明是在一八六八年之後，但傳說卻將之提前至一八六四年之前，這麼一來便導致吉隆坡仙四師爺廟的創立年份顯得可議；本地文史學人李成金亦發現在十九世紀末的英文文獻中曾談及盛明利首次顯靈是在其遷葬回馬六甲的一八六七年之後發生，李成金進而結合大量的田野考察所見，提出仙師爺另有其神，四師爺才是盛明利的理論。英靈成神故事固然撲朔迷離，惟歷史解謎也不遑多讓。

拾　四師爺考

在馬來西亞本土華人信仰諸神當中，仙四師爺無疑是其中最具代表性的神祇之一。而在全國範圍內供奉仙四師爺的廟宇也不少，如近年成立的全國仙四師爺廟聯誼會，共有近二十間廟宇參與其中；李成金的田野調查統計，截至二〇二一年，全國至少有二十九間廟宇主祀著仙四師爺。二〇二三初，馬來亞大學馬來西亞華人研究中心，與吉隆坡仙四師爺廟的合作籌劃設立的仙四師爺廟拓荒博物館正式開幕，更為仙四師爺信仰與本地華人史研究樹立新的里程碑。

儘管神恩浩蕩、香火不絕，相關研究也如汗牛充棟，關於仙四師爺究竟是何方神聖，歷來是眾說紛紜，百花齊放。多數論者以一九五九年出版的《吉隆坡仙四師爺宮創廟史略》一書中、由該廟元老張敬文收集整理撰寫的〈仙師爺甲必丹盛明利公史略〉及〈四師爺鍾來公史略〉為本，接受仙四師爺乃英魂顯靈的盛明利（仙師爺）與葉亞來得力幹將鐘來（四師爺）合祀而成的說法。一九九七年由馬來西亞華社研究中心出版的《吉隆坡開拓者的足跡——甲必丹葉亞來的一生》一書中，主編李業霖則提出了新說，認為四師爺乃葉亞來的莫逆之交、在亂事中殉難的葉四。千禧年後，又有李成金長期踏查全馬各地仙四師爺信仰相關廟宇文物，進而提出四師爺乃盛明利，而仙師爺另有其神的猜想，惟其觀點尚未完整論述，便於二〇二一年不幸撒手驟逝，留憾人間。

無論如何，在諸多前人的基礎上，我與本地文史學人周建興繼續對仙四師爺神源進行探究，並基本認同「李成金猜想」中關於四師爺乃盛明利的說法，目前證據大致有三：

首先，目前已知關於仙四師爺信仰研究的文獻是C·Letessier所著、刊登於一八九三年《雪蘭莪學報》（Selangor Journal）上的一篇短文，題為〈Si Sen Ta，A Chinese Apotheosis〉，文中明確指出盛明利遺骨遷葬馬六甲後，在當地墓前顯靈附身，口諭成神，神名「四師爺」（Si Sen Ta）。應當注意的是，這篇文章比起張敬文的〈史略〉早了近七十年，與仙四師爺信仰形成的時代更接近，更有可能記錄下了比起後世流傳相對更為可靠的訊息。

其次，根據墓碑碑銘年份（同治八年己巳冬月），盛明利應於一八六九或一八七〇年間遷葬至馬六甲，而目前能找到關於四師爺最早的文物，乃芙蓉亞沙千古廟的「玉封四師爺爺墓前」銅鐘，鑄造年份為同治十一年孟秋（西元一八七二年八月），符合前面提到的Letessier文章所敘，即盛明利是在遷

圖 51 | 芙蓉亞沙千古廟的同治十一年銅鐘

（資料來源：莫家浩攝於二〇二三年）

葬後才顯靈成神的說法。此外，在目前已知有年份可考的仙四師爺廟宇文物當中，凡是一八七〇年以前的文物，皆未見四師爺之神諱，也可視為側證。

第三，森美蘭華人文史館館長陳嵩傑此前已覓得芙蓉亞沙千古廟的舊信箋，抬頭印有「四師爺盛明利」字樣，而千古廟中除了上述一八七二年「玉封四師爺爺墓前」銅鐘外，也奉祀著盛明利神位石碑，卻沒有其他與鍾來、葉四等四師爺人選相關的蛛絲馬跡。

綜上所述，我們認為比起其他版本，四師爺是盛明利的推論，反而較為符合傳世史料的交互印證及歷史過程。當然這並非結論，更妄說定論。歷史研究的樂趣往往不限於簡單的肯定與否定，而是在於抽絲剝繭的過程中、那反覆煎熬的謎之醍醐味，對吧？

拾壹　古墓夜話

二〇二一年歲末，通過友族同胞的引路，我在柔佛邊佳蘭內陸的觀音山北側發現數座華人古墓，經鑒定碑文後，初步確信為十九世紀中葉港主制度時代的遺跡，並推測這些古墓的所在地，屬於柔佛最早開發的港腳之一，而其中一座立碑年代為咸豐八年（西元一八五八年）的古墓，更是柔佛東海岸現存已知最古老的華人墓碑文物。相關新聞見報後，收穫邊佳蘭村民不少反響，在當地自發掀起一波「考古熱」。期間，失傳近三十年的邊佳蘭七灣（Pungai）古廟殘柱，也戲劇性地重新被村民們所發現，經安排最終落戶邊佳蘭六灣神廟村，自是後話。

見村民四處尋古，我也不厭其煩地拜託大家幫忙留意在邊佳蘭一帶有沒有其他古墓的情報。其中七灣內陸是一大重點。據云在一九八〇年代初，曾有村民在七灣古廟附近清芭時，目睹當地有許多華人墓碑。在邊佳蘭執教鞭多年的顏英傑校長，一九九五年曾親臨七灣古廟考察，在古廟遺址旁邊不遠處發現了兩座清同治年間的古墓，並拍下照片。逾二十年後，我也曾親自勘察昔日兩座古墓所在之處，此時卻早已長成一片茂密的茅草地，四處是野豬窩，常人不敢踏足。去年尾，村民們也曾故地重遊，也完全找不到古墓的蹤跡。

故墳雖難再現，尋墓的故事卻未劃下句點。去年十一月，在熱心村民的尋訪下，得知七灣當地一位友族同胞的果園裡有一座華人墳墓。村民找到了這位園主，並拍下該墓碑以及墳墓周邊散落的瓷碗瓷杯等器皿，將照片傳給

圖 52　柔佛邊佳蘭七灣果園發現的清代光緒古墓

（資料來源：莫家浩攝於二〇二一年）

我。透過手機螢幕，大致辨識出是一座清代古墓，於是趁著來邊佳蘭記錄七灣古廟殘柱的當兒，拜託知情的村民聯絡園主，讓我實地勘察這座古墓。

午後天空陰沉，不時飄著細雨，我們一行數人乘坐四驅皮卡，由園主引領，一同來到果園，走不遠，便在一抔淺淺的黃土前見著一口石碑，粉筆一抹，碑文乍現，原來是一座立於光緒元年（一八七五年）的墓碑，中榜刻有三個人名，包括沈姓男子及其兩位太太——蔡氏和魏氏。墓碑上也記載了墓主人的祖籍為「海邑華美仙橋鄉」，應即今天的中國廣東潮安區東鳳鎮的華美村及仙橋村一帶。

尤其值得注意的，是墓碑上刻有的「洕」字樣。目前關於「洕」字出現在墓碑上的來由，大都傾向於將它與天地會或義興公司的成員及其活動相關聯。在此前提下，由於十九世紀中後期至二十世紀初活躍於柔佛的義興公司，常被認為是唯一獲天猛公政權准允在柔佛境內公開活動的華人會黨組織。所以，在柔佛境內所發現的涓墓墓碑，亦常被視作義興公司昔日風華的史證。

但真正玄奇的故事，來自我們年屆八旬的友族園主。據了解，老人家本來是邊佳蘭大灣人，十年前受邊佳蘭石化工業區徵地影響而搬遷至六灣，並獲分配位於七灣的兩英畝地作為補償，即為今日的果園。而當年他在此地清芭時，便發現了墓碑及那些瓷碗瓷杯。他雖不識漢字，但也知道這是一座華人墳墓。爾後的夜裡，他與他女婿先後夢見一位打扮高貴的中國女子從墓中走出來，問他們是何人也。園主在夢中回答說，他是這塊地的新園主，而女子則表示這裡是她的土地，但允許他們使用，並將那些碗杯器物贈予他。

雖說日有所思夜有所夢，但不諳中文的他，自然不會知道墓碑上有兩位女性的名字，卻又能夢見中國女子，細細思來，恐怕也只好當作是巧合中的巧合，半夜才能睡得着了。老人家及女婿卻對夢裡所見深信不疑，也將瓷碗瓷杯視作恩物保存，不願轉售，同時表示日後仍將好好照料這座古墓，不禁使我想起邊佳蘭徵地過程中連帶被夷平的上千座華人墳墓，其中甚至有比這座古墓還古老的。而如今這座七灣古墓，又恰好坐落在因徵地而逼遷至此的友族村民新園地裡，備受珍視，方有機會在今天被好好記錄下來，成為佐證柔佛東南區域華人拓殖史重要的金石文獻，禍兮福兮，亦不妙哉。

拾貳　唐番兄弟

自新山市區出發，沿著柔佛海峽往東走約十五公里，有處名叫直落爪哇（Teluk Jawa）的海濱，曾是這一帶頗有名氣的潮州村落。據文史學人洪來福的調查，華人自上個世紀初開始踏足當地，當中有不少是來自對岸新加坡三巴旺（Sembawang）的潮籍人士，幾乎清一色祖籍揭陽，戰前人口巔峰曾達近百戶人家，其中又以揭陽白塔鄉的洪姓占多數。直落爪哇曾一度成為這一帶頗有名氣的潮州村落；又因地處濱海，當地華人先民多有從事捕魚與奎籠作業，即便時過境遷，土地開發，人口劇減，仍有由當地華人經營的養蝦池和海鮮食坊在運作，猶如歷史尾韻。

老村民口中的直落爪哇，由西到東有三區：最西邊的炭窯，最東邊的美山園，以及處在兩者之間的椰腳。三區有各自的祭祀場所，椰腳的宋大峰祖師廟原是當地大戶之家神，戰後轉為公廟；美山園的大伯公廟據云建於一九三〇年代，乃三巴旺伯公廟分靈而來；至於炭窯則有拿督公，原位於炭窯和椰腳交界處的一棵大樹頭前，神龕中只有一口拿督公石香爐，卻被當地耆老鹹認為那是直落爪哇最老的「廟」，口述中保有戰前便在此作酬神皮影戲、演潮樂、祭拜中元的記憶。一九七〇年代土地易手，外來的新地主請來道士，將拿督公請至直落爪哇週邊的一處義山上，因無人管理，石香爐不見了，最後義山也因開闢公路而夷平，拿督公廟亦隨之消失。

縱然炭窯的大樹、神龕與舊石爐都已不復存在，直落爪哇的華人卻沒有讓拿督公的慶中元中斷，據說在一九七〇年代被迫遷廟後，便將慶中元的地點改至椰腳的路頭來辦，至今近五十年未輟。根據耆老說法，其慶中元向例都是辦在農曆七月十五上午，純粹又村民自行操辦，普渡棚中一共有四張供桌及香爐，分別為天神、拿督、以及祭幽的兩桌。祭幽這兩桌有各自的香爐，據說也是昔日舊俗的延續：原本在炭窯時，慶中元便會在拿督公廟左右兩側各設一「亭」，分別祭拜「華人」及「番」之無主孤魂。所以即便改至椰腳路頭慶中元，也會依舊設上「華人」與「番」的供桌分開拜祭。依我觀察，兩桌供品其實雷同，唯獨「華人」孤魂的供品會有燒豬肉及酒類，而「番」孤魂的供品則沒有上述兩類酒肉，但會與拿督公一樣，多擺一道羊肉咖喱上桌。

在本地華人民俗信仰中，「拿督公」常常是與「非華人」、「穆斯林」等元素密切相關的土地神祇，而「番」也經常會出現在本地華人居家或廟龕的地主神位上，以「唐番地主」的姿態，一方面表達「他者中的華人」情境，

圖 53　直落爪哇慶中元的番魂供桌

（資料來源：莫家浩攝於二〇二三年）

圖 54　直落爪哇慶中元，參與者在路邊插香

（資料來源：莫家浩攝於二〇二三年）

也同時映射著家園與故土的聯結。那麼，直落爪哇慶中元的「番」，究竟所指何「魂」？直落爪哇確實住了好一些「番」，即通稱海人（Orang Laut）的實里達人（Orang Seletar），舊時華人慣蔑稱之為「海番」，昔日直落爪哇地海鮮食坊也會以「海番村」為噱頭宣傳。然而這批實里達人是在一九七〇年代才遷居至直落爪哇，似乎不太可能影響到戰前當地慶中元即存在的祭拜傳統。另一種可能性則是爪哇人（Orang Jawa），他們才是直落爪哇最早的住民，因此這裡才有了「爪哇灣」（Teluk Jawa）的地名。雖然這些爪哇人在二戰結束後便陸續遷離直落爪哇，但仍有當地華人耆老記得他們的貧困身影，以及曾經遍佈村落各處的近百座爪哇人墓碑。

香港學者蔡志祥認為，盂蘭節是安撫和超度那些沒有在我們日常祭祀範圍內之靈魂的節日，若不去祭祀那些沒有被子孫拜祭的孤魂，便會危害社區，只有等到完成了普同的救贖，把靈魂超度，社區才會度過危機，擺脫陰氣影響，令陽氣重返，完成陰陽的週期迴圈。而在我看來，直落爪哇慶中元習俗裡則似乎又蘊含著一種華人視角下顯得質樸的多元移民社會歷史寓言：在庇護此方水土的拿督公主持下，好兄弟們既要區分唐、番，以不同文化對待；同時又一視同仁，一併接受普渡，如此一來，我們的華人先輩方才自覺能在這片處處可見異族墳墓的土地上出入平安，六畜興旺吧！

拾參　年獸來由

爆竹聲中一歲除，總把新桃換舊符。在華人社會裡，新年的腳步往往是既看得到，也聽得見。說到燃爆竹、貼春聯的習俗，就不得不提如今大街小巷皆耳熟能詳的「年獸」傳說。此傳說故事變體繁多，一般都會言及有「年」這個怪獸來人間搗亂，人們知道它有怕聲音、怕紅色、怕火光、不喜整潔等弱點，因此人們便一家團聚，以大掃除、貼春聯、放鞭炮、燈火通明等方式嚇走年獸云云。

根據上述的年獸特徵，好事者可以從中國古籍中探究出其「精神原型」。

例如漢代《神異經》中所載：

「西方深山中有人焉，身長尺餘，袒身，捕蝦蟹。性不畏人，見人止宿，暮依其火以炙蝦蟹。伺人不在，而盜人鹽以食蝦蟹。名曰山臊。其音自叫。人嘗以竹著火中，爆烞而出，臊皆驚憚。犯之令人寒熱。此雖人形而变化，然亦鬼魅之類，今所在山中皆有之。」

按此描述，想要嚇退這個愛吃蝦蟹又不怕生人的山臊，方法便是火燒竹節啪響。而到了中國南北朝時期，《荊楚歲時記》裡亦寫道：「正月一日，是三元之日也，謂之端月。雞鳴而起。先於庭前爆竹，以辟山臊惡鬼。」看來，燃燒竹節引發爆裂聲來驅散山臊的做法，已是當時人們大年初一大清早履行的習俗。至南宋時期，《歲時廣記》卷四十「燎爆竹」條引李畋《該聞集》則講了一則今天讀起來都生動得很的爆竹鬪妖故事：

「鄰人有仲叟，家為山魈所祟，擲瓦石，開戶牖，不自安。叟求禱之，以佛經報謝，而妖祟彌盛。畋謂叟曰：『公且夜於庭落中若除夕爆竹數十竿。』叟然其言，爆竹至曉，寂然安帖，遂止。」

上述故事不僅坐實了爆竹可以闢妖的功用，提供建議的李畋更被中國煙花爆竹業奉為祖師。宋代以降，用火藥製成的爆竹漸漸取代昔日的燒竹，形態也越發五花八門，在意義層面也如春聯的演變一般，喜慶的色彩益重，逐漸蓋過了辟邪的意味。而傳說中繪聲繪影的山臊、山魈，也逐漸淡出人們的腦海。

如今膾炙人口的年獸，其特徵或可追至遠古的山精鬼魅，但年獸傳說的真正誕生，卻並不那麼久遠。近年根據上海圖書館參考館員祝淳翔的考證，年獸傳說其實最早流傳於一九三〇年代的上海。一九三三年小說家兼報人孫玉聲以筆名「海上漱石生」，在刊物《金剛鑽》上發表的連載文章《滬壖話舊錄・歲時風俗之回憶》中記述當時滬人於歲末大掃除後，會在家中懸掛各類神仙年畫：

> 「其有懸紫微星畫軸者，畫家每繪一石柱，柱上鎖一似狗非狗之獸，或云是獸即天狗星，或云是獸名年，常欲食人，紫微星故鎖系之，不令至下界肆惡，而使人不逢年患，故過年時懸此最宜。然腹儉如餘，殊不知此典出處，且愧無從考證也。」

祝氏認為，孫玉聲在文章中「憶幼嘗聞諸父老言」、「自愧無從考證」的年獸傳說，便是如今華人社會中各種年獸故事的源頭，並進而推論年獸最早的形象，其實源於「紫微高照」年畫中，被紫微星君制服的洪水猛獸。而孫玉聲的年獸故事，很快便在當時的上海文壇產生影響，反復被他人借鑒和豐富細節，在連番的「同人創作」下定型，並在戰後初期傳播至香港及臺灣，遂風行於華語世界。

那麼，年獸傳說是何時傳入馬新一帶的呢？據我所考，目前已知最早在本地刊行流通的年獸故事，大概是一九五八年刊於新加坡《南洋商報》、署名「風木」所寫的一篇題為〈「過年」的由來——一段近於神話的故事〉，文中基本延用了上海一派的年獸設定，進而也將「過年關」解釋為「過了年獸的一關」、拜年為「慶賀安度年關」、春聯是因為單純貼紅紙嚇年獸太枯燥，所以多寫幾個字而成，鞭炮是替代敲鑼打鼓嚇年獸的方案；團圓飯是為了準備大魚大肉給年獸飽餐而不再吃人等等。

概以言之，年獸的故事之所以在近百年間得以普遍流傳，其中一個要素是它在很大程度上不受中國傳統神話傳說結構的限制，跳脫了忠孝仁義禮智信的框框，取而代之的是正邪二元觀，因此可以天馬行空地不斷再創作，即充分滿足人們對於當代過年習俗由來的解釋，又容易與現代普世價值相呼應，因此適應性極強。情節童話故事化後，又特別適合將給孩子聽，如此一來形成觀念的路徑依賴，年獸便在你我的腦海中，趕也趕不走了。

第五章 記憶危機

壹　失落的炮彈

二〇二一年四月至五月間，柔佛警方接獲公眾通報，在邊佳蘭內陸的觀音山（Bukit Pelali）北側、瑟巴納河（Sungai Sebana）河畔一帶先後發現了舊式炮彈。警方拆彈小組隨即在發現地點進行勘察，前前後後一共找出了數十枚未爆彈，並成功實施引爆作業。根據警方事後公佈的訊息，只可知道這批舊炮彈大部分為四十毫米口徑的火炮炮彈，以及八十五毫米火炮炮彈和六十毫米的迫擊炮彈各一枚，至於它們的詳細型號及年份資訊等，則均未見報。

在馬來西亞，人們在開墾土地或施行土木工程的途中，意外發現舊時炮彈或炸彈的新聞，可謂屢見不鮮，每年都會發生有好幾宗的樣子。究其緣由，很大程度上可以歸因於我們曾在第二次世界大戰期間淪為戰場的緣故，而這些軍火大都是交戰雙方的手尾，其中包括空襲的未爆彈，有的則是因為種種原因被遺忘在這片土地上的庫存。

話說回來，上述被遺留在邊佳蘭瑟巴納河畔的炮彈，其來歷確實值得一探究竟。在一九四一年末至一九四二年初的馬來亞戰役期間，邊佳蘭地區並未成為交戰雙方功防的熱點。雖然戰前英國人確實曾在柔佛河岸修築若干碉堡設施，但選址並不包括瑟巴納河畔。那麼，這些炮彈究竟從何而來，又為何會被遺忘在此？

在我看來，要解答這個問題，首先要從瑟巴納河西南方向、十一公里開外的邊佳蘭炮台說起。一九三〇年代初，隨著新加坡三巴旺軍港開始建設，作為軍港防禦工事的一環，英國人開始規劃在柔佛河口東側的邊佳蘭山（Bukit Pengerang）興建炮台。一九三四年，柔佛政府正式向擁有邊佳蘭山地段的日本三五公司強制徵用七百英畝土地，而邊佳蘭炮臺也在一九三六年正式落成。一九四一年十二月八日午夜時分，日軍在馬來半島東海岸登陸，掀開了太平洋戰爭與馬來亞戰役的序幕。英軍備戰不足與防禦策略失誤，加上日軍強大迅猛的攻勢，導致後者在馬來半島勢如破竹。由於日軍選擇跨越馬來半島內陸由北往南進攻，整場馬來亞戰役的戰火幾乎繞過了包括邊佳蘭炮台在內的新加坡海岸防禦務體系，有趣的是，遲至一九四二年二月二十二日，即新加坡淪陷一周後，日軍方才終於派人前來邊佳蘭受降並接管當地軍事設施。因此，戰時一炮未發、至今仍佇立在邊佳蘭山崗的邊佳蘭炮台，或許才是二戰英軍在英屬馬來亞最後一座失守的要塞，比起有「東方直布羅陀」之稱的新加坡，還多堅守了七天。

圖 55　至今仍保留在邊佳蘭山腳下的砲台碉堡遺跡
（資料來源：筆者攝於二〇一五年）

日據時期，日軍繼續沿用邊佳蘭炮台設施。戰爭結束前夕的一九四五年四月，一份盟軍情報指出，日軍在邊佳蘭炮台增設了四個防空炮陣地，共裝備六門防空火炮。一九四五年八月十五日，第二次世界大戰結束，邊佳蘭的日軍投降後，由當地的人民抗日軍受降並接管日軍的軍火與戰略物資。同年底，馬來亞英軍管制區（British Military Administration，BMA）轄下的哥打丁宜縣民事官（Civil Affairs Officer）親自到邊佳蘭視察，發現理應留在邊佳蘭炮台的日軍軍火與戰略物資不翼而飛，而當時同時人民抗日軍出身的邊佳蘭區人民委員會主席則表示對此「並不知情」。而羅生門之處恰好在於，邊佳蘭人民抗日軍成員、戰後回到中國參與革命的陳誠志，在其回憶錄裡提及自己曾參與處理人民抗日軍接管邊佳蘭的事務，並將從日軍繳獲的物資「轉運上山」。

如果陳誠志曾「轉運上山」的那批物資中確實包括日軍軍火，那這次在觀音山腳下發現的舊炮彈，會否就是這批失落軍火的一部分？巧合的是，二戰期間，日軍曾在東南亞戰場上繳獲英軍的波佛斯（Bofors）四十公厘高射炮多門，並將之運回日本進行逆向研發，於一九四三年發放給駐紮東南亞的日本南方軍使用。這批高射炮，包括日本逆向研發後出產的五式四十公厘高射炮，都是使用四十毫米炮彈，日方稱之為「三式高射尖銳彈」。

無論如何，關於這批炮彈的來歷真相，早已隨著柔佛警方拆彈專家一聲令下，以平地一聲雷之姿，在邊佳蘭山林河畔消散無蹤。今年雖是太平洋戰爭爆發八十周年，惟多少戰爭的幽靈，至今仍舊深埋在青山綠水間，留待有心人去發現、悼念。

貳　日本支溝

在柔佛邊佳蘭的四灣與五灣地界相交處，有一條連當地人都不太在意的小溪流。跨過小溪的橋上有政府立置的地名牌，稱這條小溪作「Cabang Parit Jepun」。在馬來語裡，Cabang 有分支之意，Parit 即溝渠。在柔佛西海岸，有許多冠以 Parit 的地名，大抵與早期爪哇裔先民在當地的拓殖活動有關，有人認為，這些溝渠乃供灌溉、行船所用的運河，但也有稱其為聚落與聚落之間的界溝的說法。在我看來，早期爪哇裔先民以擅長開墾沼澤地而聞名，而沼澤開墾又務必得先行挖溝排水，因此，在柔佛西海岸處處可見的 Parit 地名，

圖 56　五灣的「日本支溝」地名牌
（資料來源：筆者攝於二〇一七年）

可能便是上述墾殖方式的歷史遺留吧。

說回 Parit Jepun，從地名來解，顯然與日本人有關。而「日本溝」之地名，在柔佛的新邦令金（Simpang Renggam）及印尼的西加里曼丹都有，惟其地名出處典故，尚不甚明瞭。倒是這條在邊佳蘭默默無聞的「日本支溝」，還勉強能在歷史文獻中找出一丁點線索。早在一九三〇年，日本人便開始在包括邊佳蘭在內的柔佛東海岸地區進行各類礦產勘探，並向柔佛政府申請開採准證，但始終未獲批准。一九三七年，日資公司石原產業株式會社在邊佳蘭勘探到了能作為提煉金屬鋁原材料的鋁土，並向柔佛政府申請開採，卻依舊被拒絕。一九三九年，或是由於二戰爆發，鋁礦作為飛機生產重要戰略物資的緣故，身為英屬馬來亞一員的柔佛政府，卻一口氣將全邊佳蘭地區的勘測與開採權授予了加拿大的鋁業公司。

一九四二年，日軍佔領邊佳蘭，石原產業株式會社終於得償所願，在五灣開採鋁土礦，並將之取名為「南岸鋁土礦山」。當時在五灣礦山裡的工作力，有來自柔佛古來的華人，也有來自爪哇島和柔佛峇株吧轄（Batu Pahat）的爪哇人，以及從新加坡招聘過來、搭造鍋爐的華裔技術工人。或許是為了將開採的礦石從現成的邊佳蘭碼頭出口，日本人召集了邊佳蘭沿海地區各村落的老百姓來鋪設一條銜接五灣礦山到邊佳蘭碼頭的公路。村民們參與的勞役，包括在頭灣的後山炸石和碎石，以及整平道路等，村民們大部分時候都獲償付工資以及糖、米等日常必需品。這條公路有可能也附設了供軌道車行駛的鐵軌及電話線。這條由日軍督建的公路，成為邊佳蘭史上第一條在真正意義上連通沿海各村落的公共交通工程，並一直沿用到戰後。

依邊佳蘭華人耆老的說法，或說日本人運礦船一出海就被打沉了，又或稱日本人才剛把礦開採出來，戰爭就結束了。而據歷史檔案文獻記載，日據期間五灣礦山其實總共開採了四萬五千四百五十噸鋁土礦。諷刺的是，由於日本的海路交通在戰爭後期遭受盟軍不斷攻擊阻截，最終能成功出口到日本的邊佳蘭鋁土礦，只有僅僅三千四百五十噸。更加啼笑皆非的是，那批戰時來不及運回日本的四萬噸鋁土礦，戰後依舊是由日本人花錢買下，從邊佳蘭運回日本。

無論如何，戰爭結束後，南岸鋁土礦山作為「敵產」被柔佛政府沒收，但由於加拿大鋁業公司仍持有戰前五灣礦山的合法產權，所以順理成章地從政府手中取回該礦山，從一九五〇年代起，以「拉勿尼亞鋁土公司」（Ramunia Bauxite Company）的名義繼續在當地開採鋁土礦，養活了邊佳蘭沿海好多人，也連帶旺了毗鄰的四灣島村，更讓五灣的「學名」——直落拉勿尼亞（Teluk Ramunia）——成為從前我們地理課本裡必背、考試必考的馬來西亞鐵礬土產地。無需學日本人兜遠路，加拿大公司在五灣海邊興建礦場碼頭，礦石可以從這裡直接裝載貨輪，運往海外提煉。礦場早已停運多年，如今的碼頭僅存

圖 57 | 五灣舊碼頭橋墩

（資料來源：筆者攝於二〇一六年）

一座座形似鳥居的巨大橋墩，近年也成為遊人打卡、拍婚紗照的景點。

事過境遷，我們或許很難再證明五灣的「日本支溝」與日本人之間的確鑿關係，不過如果各位將來有機會來邊佳蘭兜風，除了在四灣吃龍蝦、五灣橋墩打卡，也不妨在路邊找一找「日本支溝」的蹤影，感受歷史的默流。

參　屠殺記憶

二〇一七年初，我與一群南方大學學院中文系學生前往新山市郊的馬西（Masai）小鎮的舊義山抄錄墓碑，期間一共錄得近百座包括清代和民國時期在內的墓碑信息，對於理解十九世紀以降新山以東的地方歷史發展頗有裨益。時光飛逝，二〇二二年，該義山終於在發展的巨輪下被徹底拾金，我聞訊重返故地，與當地德教會配合，盡量協助保存這些珍貴的歷史證物，其中優先考慮的，除了清代古墓碑，馬西舊義山上還有一座年份不老、但意義深重的總墳碑，值得舊事重提。

這座總墳，碑銘刻曰「日本蝗軍屠殺殉難者總墳」，上款為「中華民國三十一年壬午一九四二／農曆正月十五日」，下款為「歲月戊辰年二月十八日立」，沒有立碑人資料。查戊辰年應是西元一九八八年，說明目前所見之總墳碑屬於一九八〇年代所立。早在二〇〇二年，安煥然一新帶領的南方學院師生隊伍便曾在馬西進行口述歷史訪問，其中在當地耆老郭惠松先生提示下，拍下了這座總墳碑的照片，並收錄在二〇〇四年出版的《潮人拓樸柔佛原始資料彙編》中，與我在二〇一七年見到的並無二致。根據二〇〇二年當地耆老的說法，這是「皇軍屠殺的總紀念墓」，「日軍起初來的時候，他不管捉到誰……捉你就是殺……他要給一個威嚴給你看」。

既然是「皇軍屠殺的總紀念墓」，碑銘上款提到了壬午年（即公元一九四二年）的農曆正月十五日便尤其值得考證。翻查二〇〇七年柔佛州中華總會編印重刊的《柔佛華僑殉難義烈史全輯》可知，有記錄在冊的日據期間馬西殉難華僑人數為六十八人，其中廿八人皆記載死於一九四二年的正月十五日，死因為「屠殺」或「為敵寇先鋒隊所殺」。此外，一九四二年正月十五日的屠殺，也是《柔佛華僑殉難義烈史全輯》中所記載，日據時期馬西地區最早發生的華僑殉難記錄。

由此可見，馬西舊義山「日本蝗軍屠殺殉難者總墳」碑銘，不僅可以印證馬西耆老的口述記憶，也進一步顯示了日軍在一九四二年的正月十五日（陽曆三月一日）於馬西進行了第一次、也可能是三年八個月期間規模最大的一次針對當地華僑的集體屠殺暴行。進一步閱讀史料可知，馬西正月十五屠殺的受害者有男有女，年齡介於一歲至七十三歲，可見此次屠殺並非針對抗日人員，而是將老弱婦孺也牽連在內。在這批殉難者當中還有五男二女共七位「無名氏」，年齡籍貫一概失載，備註欄中提及他們皆「系英政府移來本市避難者」，由此推斷，這七位「無名氏」並非馬西本地華僑，僅在戰爭爆發之際逃難至此，因此死後亦無人認識，儘管淪為無名氏，卻依舊被史料書籍所記憶著。

我長久以來一直有個疑問：既然馬西舊義山「日本蝗軍屠殺殉難者總墳」立碑年份為一九八六年，那該總墳是否真有埋下日據時期的殉難者遺骨？去年拾金後，我在德教會朋友發來的總墳遺骸照片中，見到了不少子彈殼，算是某種佐證。然而謎團尚有不少，如總墳在一九八〇年代以前是否有立碑？過去是否有舉行祭奠？屠殺地點具體又在哪裡？關於日據的記憶和傳說又有多少流傳至今？身為歷史的學徒，我想我已習慣面對記錄的空白處，此時人去山空，望向落下的斑斑石碑，面對飛逝的危難記憶，依舊惆悵。

圖 58　馬西舊義山的日本蝗軍屠殺殉道者總墳
（資料來源：莫家浩攝於二〇一七年）

肆　女王駕到

邊佳蘭四灣育本學校的禮堂拱門兩支前柱上，各嵌有一塊大理石材質的碑刻，上有中英文碑銘，左右二碑的銘文不同，以中文為準，分別為「慶祝英女皇加冕／此碑敦請邊佳蘭馬華會長／劉振標為本校奠基志念／一九五三年六月二日立」，以及「此碑為慶祝英女皇伊麗沙白二世／加冕盛典並志念移殖官拜昔氏對／本校有功由主席遊雨生奠禮／時在一九五三年六月二日」。

首先，伊莉莎白二世確實在一九五三年六月二日舉行加冕大典，符合此二碑所志明的日期；與此同時，細讀碑文也可得知，本碑並非僅僅是為了紀念英女王加冕而立，還包括了紀念育本學校奠基及移殖官貢獻這兩個目的。但老實說，邊佳蘭作為大英殖民版圖裡毫不起眼的小角落，女王加冕遠在天邊，遠不如另兩件事項貼近村民。

四灣育本學校的前身，最早可追溯至一九三七年創辦的四灣公立華僑學校，乃由張迪元倡辦，並獲張海晏、沈大梓及王詩煥回應，分別捐出校地、建築材料和工資。一九三八年，新加坡《南洋商報》刊載了該校聘請校長及教員的廣告，應聘條件為「初中或高級師範科畢業有文憑為證者」、「須具有兩年以上教學經驗」、「國語發音準確兼通閩南及客語等方言」以及「擅長國文英文算術並其他各科」，可見當時學校已是以新式教育為辦學方針，在教授華語的同時，也兼顧四灣當地華人不同籍貫方言的客觀條件。二戰爆發、星馬淪陷期間，四灣公立華僑學校亦停辦。和平光復後，四灣先後出現了一所免費的「平民學校」及一所收費的「大眾學校」，直到一九四八年，

圖 59 四灣育本學校禮堂拱門，石碑嵌在前端左右兩柱上。
（資料來源：莫家浩攝於二〇一二年）

此二校才合併，與戰前一樣命名為「公立華僑學校」。

一九五二年，處於緊急狀態之下，政府在四灣島積極徵地，將周遭村落居民遷入，重新規劃街區，大大改變了當地村景面貌及人口數目。四灣華僑學校也在這一年面對搬遷與擴建的挑戰。一九五三年三月，政府向四灣華僑學校出示了新校舍圖紙及撥款承諾，學校董事會於是成立了建校籌委會，三月底開始發出建築招標廣告。而華僑學校董事會也是在這個階段，遵照教育局指令，將校名改為「育本學校」。時至五月，來自新山的建築商得標，於是才會有六月二日建校工程奠基禮的舉行。

至於四灣移殖官拜昔氏（F．L．Visick）及馬華會長劉振標的大名為何會出現在碑銘中，最直接的原因或許是基於一九五三年六月二日的四灣英女王加冕紀念大會，是由拜昔氏本人在育本校舍前主持，禮成後則由時任邊佳蘭馬華公會會長劉振標主持校舍奠基儀式，簡言之，這兩人都是當天的主賓。

除此之外，說拜昔氏「對本校有功」，具體為何有待考證，但當時的移殖官（Resettlement Officer）在新村建立過程中的權力很大，學校得以在短短三個月時間敲定搬遷並動工，至少可以相信拜昔氏應該並無多加刁難；至於為何是由劉振標主持奠基，原因可能可能更簡單：在校舍建築經費上，校方向馬華公會申請了兩萬元補助，佔了總開銷的三分之一。

我曾在四灣聽聞過一則「鄉野傳說」：當年英女王在登基前曾巡遊列國，期間更到訪過四灣，很多人都見過她。按理說，大英公主若真有來過邊佳蘭，肯定是則大新聞，然而在我遍尋資料的過程中，卻從未見過相關記載。湊巧的是，時任英國駐馬最高專員、積極推動新村計劃的鄧普勒爵士（Sir Gerald Walter Robert Templer）伉儷曾在一九五三年六月下旬到訪四灣，鄧普勒夫人更在育本學校巡視女童軍，並給予訓話。如果這便是「英女王到訪」的真相，一場美麗的誤會，也同樣成就了一地獨有的新村記憶。斯人已逝，願傳說不老。

伍　一九六九的火

一九六九年五月十三日，新山。

晚間八時許，阿娥的母親乘坐小叔開的車，從新山郊外的農場，驅車趕回直律街與沙林路交匯處的木屋區，急急忙忙告訴家人從收音機裡聽來的消息：「上面」亂了，暴動了，戒嚴了。

此時就讀寬柔中學初中三年級的阿娥，猶記得一九六四年新加坡種族暴動那一夜，新山一片風聲鶴唳的緊張氣氛。此時母親慌張的神情，喚醒了她幼年耳濡目染的恐懼。即便如此，此時新山市區仍無異樣，阿娥母親只能囑咐孩子們：今晚不要睡得太沉，因為聽說「上面」有人會故意縱火，待人逃出住所時，便如何如何云云。

就這樣，阿娥一家人懷著忐忑不安的心情入眠。半夜淩晨，屋外忽傳喧嘩，驚醒的阿娥打開窗戶一看，驚見火光衝天！此時一家大小早就慌了陣腳，把之前的叮囑拋之腦後，趕忙搖醒還在熟睡的弟弟們，三作五步衝出屋子，卻見屋外早已聚起一大票街坊。路對面的員警宿舍，警員們正對著木屋區呼喊，要大家快從屋子裡出來避難，不要怕；鄰居的馬來公務員太太泣聲不斷，邊哭邊說：我們這裡馬來人和華人關係很好，我們不可以發生那種事……

站在路邊驚魂未定的阿娥此時才發現，原來著火的是她家左近的寬柔小學隔壁一棟浮腳屋。曾在新山南洋鞋廠當女工的阿娥母親認識這戶人家，是當時南洋鞋廠秘書黃金階一家人。住在屋後平房的印度人一家，生怕火勢蔓延，雖早已把家中細軟打包挪至屋外，仍不忘操起長竿子，不斷敲擊浮腳屋牆板窗戶，催促屋裡的人趕緊逃生。

由浮腳屋樓板下堆積了大量膠鞋的邊角料，以致火勢異常猛烈。不知是否出於恐慌，熊熊烈火當前，阿娥仍然感到冷風嗖嗖，想回屋裡拿條長褲幫弟弟穿上，兩手卻哆嗦得無論如何都套不進弟弟的雙腿。慌亂中，只見黃金階一家人陸續逃出火海，其妻女被燒傷，所幸無性命之虞。救火車也來到火災現場灌救，令火勢不至於延燒到周圍民居。街坊有人言之鑿鑿，說昨晚起火時，看到一個黑影遁走。回到房裡，阿娥心有餘悸，註定一夜無眠。隔天一早，大人上班，孩童上課，寬柔小學隔壁多了一棟災後廢墟，除此之外，彷彿一切如常。

故事裡的阿娥，就是我母親。大疫沒得拜年，過年呆在家裡，閒聊間不知不覺便細說起當初這件往事。好奇的我也沒閑著，查閱史料，確實找到當年關於這場火災的新聞報導。報導中黃金階受訪說，由於他的三名孩子當時人在吉隆坡，他夫妻為關心局勢發展，守在電視機前看新聞，直到淩晨一點多才就寐。豈料短短十五分鐘後，便突然發現屋下著火。若不是因為那夜吉隆坡的事情，他倆早點入睡的話，恐怕就凶多吉少了。

那麼，坊間流傳的黑影，是事故抑或人為？我不是名偵探，自然查不出個所以然。惟稍微梳理史料，發現當時罷工不斷的新山南洋鞋廠，在短短一年內就兩度遭遇祝融。看來，觸犯火劫的霉運，竟也在那一夜溢出鞋廠廠房，殃及池魚了。

一九六九年五月那一夜的新山，頂多也只能算是虛驚一場，待太陽升起，便煙去無痕。深夜的一場火將真相都掩埋在灰燼下；新山的都市發展也徹底抹去了那曾是三大民族患難與共的城中木屋區。而旁觀歷史的我們，記憶中好像什麼也沒失去，又似乎永遠失去了什麼。

1841
一八四一

臆造南洋
馬來半島的人鬼神獸

作者　莫家浩
「新南洋史」系列策劃人　孔德維
責任編輯　緣二聿
文字校對　Carly Mak
封面設計　虎稿．薛偉成
內文排版　王氏研創藝術有限公司
出版　一八四一出版有限公司
印刷　博客斯彩藝有限公司

2024 年　1 月　初版一刷
定價　420 元
ISBN　978-626-97372-8-4 (平裝)

一·八·四·一

社長　沈旭暉
總編輯　孔德維
出版策劃　一八四一出版有限公司
地址　臺北市大同區民生西路 404 號 3 樓
發行　遠足文化事業股份有限公司
（讀書共和國出版集團）
郵撥帳號　19504465 遠足文化事業股份有限公司
電子信箱　enquiry@1841.co
法律顧問　華洋法律事務所 蘇文生律師

臆造南洋：馬來半島的神鬼人獸 / 莫家浩作．－初版．－臺北市：一八四一出版有限公司出版：遠足文化事業股份有限公司發行，2024.1

面；　14.8 X 21 公分

ISBN 978-626-97372-8-4(平裝)

1.CST: 歷史　2.CST: 人文地理
3.CST: 宗教文化　4.CST: 馬來西亞

738.61　112021690

新南洋史

1841
一八四一